DOM ANDRÉ GOZIER, OSB

Orar 15 dias com

SÃO BENTO

Tradução de Pe. Afonso Paschotte, C.Ss.R.

EDITORA
SANTUÁRIO

COORDENAÇÃO EDITORIAL: Elizabeth dos Santos Reis
COPIDESQUE: Renato da Rocha Carlos
REVISÃO: Maria Isabel de Araújo
DIAGRAMAÇÃO: Juliano de Sousa Cervelin
CAPA: Marco Antônio Santos Reis

Dados Internacionais de Catalogação na Publicação (CIP)
(Câmara Brasileira do Livro, SP, Brasil)

Gozier, André
 Orar 15 dias com São Bento / por André Gozier; tradução de Afonso Paschotte. — Aparecida, SP: Editora Santuário, 2003. (Coleção Orar 15 dias, 7)

 Título original: Prier 15 jours avec Saint Benoit, ou, Chercher Dieu Vraiment
 Bibliografia.
 ISBN 85-7200-880-2

 1. Beneditinos – Regras 2. Bento, Santo, ca. 480- ca. 547 3. Monasticismo e ordens religiosas – Regras 4. Orações 5. Vida espiritual I. Título. II. Série.

03-5880 CDD-282.092

Índices para catálogo sistemático:

1. Santos: Igreja Católica: Biografia e obra 282.092

7ª impressão

Todos os direitos em língua portuguesa
reservados à **EDITORA SANTUÁRIO** – 2025

Rua Pe. Claro Monteiro, 342 – 12570-045 – Aparecida-SP
Tel.: 12 3104-2000 – Televendas: 0800 0 16 00 04
www.editorasantuario.com.br
vendas@editorasantuario.com.br

Escuta...
Procura a Deus de verdade...
Então alcançarás
os cimos mais elevados.

São Bento
Regra: Prólogo, caps. 58 e 73

SIGLAS UTILIZADAS

R.M. Regra do Mestre
R.B. Regra de São Bento. O número às vezes indicado refere-se ao capítulo. A Regra é citada segundo a tradução de Dom Ph. Schmitz, Ed. De Maredsous.
D. Diálogos de São Gregório ou A vida de São Bento conforme a tradução dos beneditinos de Paris, Ed. de La Source, 1952.

ORAR 15 DIAS COM SÃO BENTO será inspirado em dois textos fundamentais: a Regra de São Bento ou Regra dos monges, e a Vida de São Bento, tirada do livro dos *Diálogos* de São Gregório Magno. É a única vida que possuímos do Patriarca dos monges.

• A Regra foi redigida entre 530 e 540, sendo constantemente revista e melhorada a partir da experiência de S. Bento. Poderemos, assim, verificar a diferença cultural com relação ao nosso tempo. Mas para isso será preciso tirar a casca e saborear o fruto. Esse fruto é uma Sabedoria extraída dessas reflexões, que poderá ser muito útil para o século XXI, como foi antigamente.

• Numa época de diálogo inter-religioso e intermonástico, indicamos às vezes aproximações e semelhanças com os tipos de monaquismo da Ásia (hinduísmo, budismo) e com o sufismo. Poderíamos multiplicar os exemplos.

• Como nos mosteiros *zen*, o indivíduo –

São Bento tem outros caminhos – é levado a descobrir a verdade do seu próprio ser. Entretanto, essa descida dentro de seu nada é o ponto de partida para uma elevação que, no cristianismo, leva a uma divinização.

Quem se humilha será exaltado (Lc 14,11).

PREFÁCIO

Desejando agradar somente a Deus.
(Prólogo dos *Diálogos* de São Gregório Magno)

Descoberta de São Bento

São Bento (que significa *Bendito*, do latim *Benedictus*), nasceu numa família abastada na região hoje conhecida como Núrsia, ao nordeste de Roma, na Itália, lá pelo ano de 480. Morreu em Monte Cassino, situado na Campanha, entre a Cidade eterna e Nápoles, isto é, ao sudeste da capital, por volta de 547.

Conhecemos sua vida pelos *Diálogos* de São Gregório Magno (✡ 540 ✞ 604), livro 2 (Ed. de la Source, Paris 1952). Gregório foi prefeito de Roma e depois se fez monge. Em seguida foi embaixador do Papa em Constantinopla e, posteriormente, eleito papa. Escreveu a vida do Patriarca dos monges cerca de cinquenta anos depois da morte de São Bento.

Após estudar artes liberais em Roma, Bento estabeleceu-se como ermitão, depois como chefe das *lauras* (pequeno grupo de monges) em Subiaco, 50 quilômetros a leste de Roma, e funda o mosteiro de Monte Cassino, a 100 quilômetros de Subiaco.

Ali, inspirando-se numa regra anterior, denominada "Regra do Mestre", redigiu aquilo que seria considerado a grande Carta do monaquismo ocidental: a Regra dos monges, difundida hoje em todos os continentes.

São Bento não é apenas o padroeiro da Europa, graças ao papel civilizador de seus mosteiros. Ele é também *o patrono dos fracassos*. Em sua vida, Bento fracassou praticamente em quase tudo o que empreendeu.

Primeiramente, ele não conseguiu terminar seus estudos em Roma. Deixou Enfide, hoje Afile, apesar de ter ido para lá com o objetivo de aprender com o padre do lugar nas ciências eclesiásticas. Na gruta de Subiaco, não muito longe de Enfide, levou uma vida eremítica, mas a abandonou e se dirigiu a Vicovaro, lugar vizinho, pressionado por um grupo de monges que o queriam como abade. Seria também um fracasso. Ele tinha o ardor e o rigor da juventude, a violência daqueles que começam a entregar-se a uma vida de "conversão", sem nenhuma experiência da vida comum e de suas dificuldades características. Deixando a solidão absoluta, ele não tinha conhecimento de que, onde há homens, há sempre caminhos tortuosos, fortes intrigas, manobras tenazes, donde logo se originam tensões, conflitos com a comunidade.

Para suprimir alguém na vida, os procedimentos mudam com o tempo, mas os meios utilizados são sempre os mesmos: ciúmes, rivalidades... Fracasso? Sem dúvida. Vicovaro representou para São Bento o que representou a prisão de Toledo para São João da Cruz. Lá ele pôde perceber o que são os homens, entregues a seu modo de agir, e apesar disso tão atraentes quando desejam unir-se em uma ação em favor de uma grande causa, como o bom andamento de um *cenobium* (mosteiro onde se vive na dependência de uma Regra, sob a direção de um abade, numa vida comunitária.) Ele voltou, pois, a Subiaco e retomou a vida eremítica, recebendo ali discípulos reunidos em *lauras*.

Mas Vicovaro provavelmente fez São Bento entrar em contato com a "Regra do Mestre".

É claro que São Gregório, em seus *Diálogos*, nos esconde alguma coisa. Não foram filhos pervertidos que obrigaram Bento a partir. Podemos imaginar que as aventuras de um sacerdote dos arredores, enciumado com Bento, vieram se imiscuir nos pontos de vista divergentes entre os monges. Isto é bem certo, pois, tendo conhecimento da morte de seu perseguidor, o "homem de Deus" nem sonhou em voltar atrás. Estamos novamente diante de dificuldades de outra espécie, diferente de um "saco de gatos" de Vicovaro, e mesmo diante de um fracasso, porque a separação, ainda quando amigável, não deixa de ser uma separação. Foi realmente um fracasso, porque ele não conseguiu convencer a todos os seus discípulos quando quis introduzir algumas novidades, depois de verificar cada vez mais claramente as falhas na Regra do Mestre.

A abadia de Monte Cassino irá compensá-lo de todos os fracassos anteriores? Não. São Gregório nos mostra Bento chorando amargamente, com o coração despedaçado. Seu confidente Teoprobo perguntou-lhe a causa de sua tristeza, e o homem de Deus lhe respondeu: "Todo este mosteiro que eu construí, tudo o que fiz pelos irmãos, vai ser entregue aos Longobardos. A muito custo pude conseguir que poupassem suas vidas".

Bento entregou tudo, tudo o que fazia sua alegria, sua razão de viver. Não lhe sobrou nada. A catástrofe aconteceu de modo total.

São João da Cruz talvez não tenha sofrido assim da parte de Deus e dos homens. São Bento, *patrono dos fracassos*! Mas, em certo sentido, são as vidas fracassadas que conseguem ter sucesso. Aqueles que estão satisfeitos consigo mesmos não têm sucesso na vida porque se satisfazem com pouca coisa. Não podemos imaginar Bento satisfeito. Se estivesse satisfeito consigo mesmo, não teria ultrapassado seus limites, não teria morrido para si mesmo, não seria um santo. É uma prova de grandeza de alma reconhecer que sua vida foi um fracasso. Goethe, em Weimar, e Mauriac, no topo de sua glória, diziam sempre que seguiam de fracasso em fracasso. Até Malraux, que desejava conseguir o prêmio Nobel, faz uma carreira política, e Simone de Beauvoir termina suas memórias pela célebre frase: "Fui trapaceada".

Essa mesma impressão se encontra em um outro nível na vida dos santos, pois existem mais coisas no desejo do que na ação, isto é, existe neles uma delicada fronteira, um hiato entre a "vontade que deseja" e a "vontade desejada". Como São Bento deve ter sofrido nos dias seguintes em que se encontrou com o monge que participava de suas confidências, ao pensar que Cassino – sinal de sua vitória diante de Deus – desapareceria! Deus pede muitas vezes a seus amigos a aplicação da palavra: "Se o grão de trigo caído por terra não morre, ele fica só, mas se ele morre, produz muito fruto" (Jo 12,24). Contam que o fogo atingiu a primeira fundação – feita de madeira – de Maria da Encarnação no Canadá. Ela subiu à colina em frente e lá se colocou de joelhos, rezando: "Senhor, como é bem-feito tudo o que fazeis!" Desceu da montanha e, contemplando a ruína de sua obra, se pôs novamente a reconstruí-la. Bento foi mais humano; ao que parece, ele chorou.

No fundo, as entrevistas que Gregório dedica ao diácono Pedro – livro dos *Diálogos* – são uma teologia da santidade. Elas nos dão duas lições:

Pergunta: como Bento se tornou "o homem de Deus"? Resposta: pelas dificuldades, pelas provas, e até pelo fracasso. A íntima união com Deus transformou seu espírito, seu coração, seus pensamentos, irradiando-se em todos os seus atos, graças à humildade que Bento aprendeu pela humilhação nas dificuldades, pelas provas, pelo fracasso, de que fala no capítulo 7 de sua Regra.

Está aqui a segunda lição de Gregório.

Quem é bem-sucedido em sua vida? Aqueles que estão próximos de Deus, mesmo que tenham a impressão contrária. Os dois lugares geográficos onde Bento viveu indicam bem os dois traços de sua santidade. Subiaco mostrou que ele não era insensível a certa montanha, àquilo que ela representava para ele: o gosto da solidão, o esforço para as alturas. Mas a vista ali carecia de espaço. Em Monte Cassino ele não sofria essa falta. Podia lançar seu olhar para longe; seu pensamento se desenvolvia melhor, como acontece com os grandes homens quando o horizonte não se encontra obstruído. Lá ele possuía a elevação do espírito para aperfeiçoar seu texto da "Regra do Mestre" e, cheio de experiência, escrever sua própria Regra. Aberto agora a tudo o que é grande, abraçando ao mesmo tempo os detalhes da vida cotidiana como as coisas mais importantes com um amor cheio de solicitude, acostumado às dificuldades, às provas e fracassos, não vendo nem julgando os acontecimentos senão numa luz sobrenatural, não amando mais a agitação dos homens mas o céu e sua paz, olhando mais os casos concretos do que os princípios, possuindo a profundeza do olhar que abarca os problemas da vida e os resolve, então o Eterno lhe está próximo. Em Cassino, o mundo está nele, Deus está nele. Assim, ele realiza sua vida, mesmo que os lombardos não tardem a aparecer. O aniquilamento de Cassino atingirá uma expansão grandiosa.

"Quem ama sua vida, isto é, quem se apega a si mesmo, quem recusa doar-se, ultrapassar-se, perde-a, e quem não a considera como um valor supremo neste mundo, a conserva para a vida eterna" (Jo 12,25).

Retrato de São Bento

São Bento não tem nada de intelectual. É um homem prático, um organizador nato. Tem um caráter decidido, enérgico, é reservado na expressão dos seus sentimentos. Pode ser irascível, ardoroso. Tem uma imaginação fraca. É cheio de bondade, moderação. É um psicólogo, concentrado em si mesmo, com uma tendência autoritária. Gosta da seriedade nos pensamentos e nas atitudes. Talvez um pouco frio na aparência, mas sensível, afetuoso, delicado. É um caráter positivo, realizador, amante da ordem. Sabe pedir conselho a seus irmãos (R.B. 3). É exigente e misericordioso. O Abade – "ele não podia ensinar de modo diferente daquilo que vivia" – deve possuir numerosas qualidades, que ele desenvolve nos capítulos 23 e 64 da Regra. Igualmente, tudo o que ele fala sobre os frades, os irmãos, os trabalhos comunitários mostra o retrato moral de Bento. Esse "apaixonado da ordem" estava destinado naturalmente a ser um bom jurista e um grande arquiteto.

Como ele criou sua obra? Vivendo primeiramente ele mesmo, com a maior intensidade de sua alma. Sua Regra é o resumo de uma experiência espiritual vivida concretamente por um abade e seus confrades. Não se pode ler a Regra em nosso século XXI senão à luz da Palavra de Deus. Mas ele também conseguiu a síntese mais equilibrada da doutrina monástica tradicional.

Numerosos irmãos, crentes e descrentes, foram tocados pela mensagem de São Bento no meio de sua vida no mundo, porque um destino humano e cristão possui muitas vezes uma face oculta, interior, diríamos até monástica, que o impulsiona a escavar mais profundamente.

Voltemos às fontes da Regra, que possui um prólogo e 73 capítulos. Uma das fontes principais da Regra é um documento chamado "Regra do Mestre", que se considerava até 1940 como uma compilação posterior, retomando longas passagens da Regra de São Bento. Mas hoje é aceito pacificamente que a Regra do Mestre é anterior, o que não tira nada do gênio e da santidade de Bento. Pelo contrário, não se pode provar que a Regra do Mestre tenha sido a Regra em vigor em Subiaco. A Regra de São Bento se inspira livremente em Cassiano, Santo Agostinho, São Pacômio, São Basílio, São Jerônimo, São Leão Magno, sem esquecer as "Vidas dos padres do deserto". Bento cita os "livros dos santos Padres católicos". Hoje, ele citaria os doutores da Igreja que "nos ensinam o caminho reto para chegar a nosso criador" (R.B. 73).

Uma Regra existe para dar vida. É sua razão de ser. Senão, para que serve? Seria um puro formalismo, um legalismo. Ela é concebida para conduzir as pessoas a fazer certa experiência de vida, sob a direção do Espírito Santo. Comunidade, Regra, Abade são os três pilares da instituição beneditina, mas a oração litúrgica e pessoal, a leitura espiritual e o trabalho são os três grandes valores que permitem a todos que não pertencem a um mosteiro beneditino viver segundo o espírito de São Bento.

"Esperamos nada estabelecer de rude e pesado. Se por acaso encontrares ali alguma coisa um pouco mais rigorosa, não procures fugir do caminho da salvação, porque o começo é sempre difícil. Mas à medida que se progride, o coração se dilata, e começa-se a correr no caminho dos mandamentos de Deus, cheio duma doçura inefável de amor" (Prólogo da R.B.).

É impossível apresentar datas precisas dos principais acontecimentos da vida de São Bento. Vamos tentar umas datas aproximadas:

— Nascimento: 480 – Partida de Roma: 498 – Estadia em Enfide: 498-500.

— Subiaco – Eremitismo: 500-503 . Vicovaro: 503-506.

— Subiaco, mosteiros semi-independentes e semi-eremíticos: 506-526.

— Chegada a Monte Cassino: 526.

— Morte: 540. Destruição de Monte Cassino: 577.

— Redação dos *Diálogos* por São Gregório: 593.

INTRODUÇÃO

Bento mora dentro de si mesmo
(D. 3)

Habitação dentro de si mesmo

No livro 2 dos *Diálogos* – Vida do bem-aventurado Pai São Bento – espécie de "*fioretti* beneditinos", em que os milagres têm um lugar considerável, São Gregório Magno nos afirma que, após o fracasso da reforma de Vicovaro,

Bento volta à sua querida solidão e, sozinho, sob o olhar da Testemunha Suprema, ele mora dentro de si mesmo.

Ele mora dentro de si mesmo, fórmula admirável que, felizmente para nós, seu interlocutor - diácono Pedro - compreendeu mal.

Gregório, então, começa a explicar-lhe, apoiando-se na parábola de Lc 15,11-32.

Diríamos que o filho pródigo morava dentro de si mesmo, quando partiu para uma região longínqua e esbanjou sua parte na herança e foi obrigado a cuidar dos porcos. O que diz a Escritura? Caindo em si mesmo, ele diz: voltarei para meu Pai. Se ele habitava dentro de si mesmo, como podia cair em si?

Com certeza o filho pródigo não morava dentro de si mesmo. Ele se achava em situação falsa para consigo mesmo. Para morar dentro de si mesmo, é preciso começar por voltar a si mesmo. É o primeiro degrau, o primeiro nível da significação da fórmula de Gregório. Mas existem outras. É preciso insistir aqui sobre a solidão, que desempenha um grande papel nessa volta.

Eis o segundo nível:

Um pouco mais longe na exposição de Gregório, ele nos fala que

Bento morava dentro de si mesmo porque se protegia interiormente com barreiras que

ele se impunha no torvelinho de seus pensamentos.

Está aí um combate contra os pensamentos, tão importante para os Padres do deserto, e que Bento herdou do monaquismo oriental. Realmente, esse combate é muito apreciado na tradição monástica, porque, vigiando os pensamentos, vigiamos também as ações cotidianas e nos separamos delas, porque aprendemos pela humildade que seus fundamentos são mais profundos que pensamos (R.B. 7), atribuindo a Deus todo o bem que existe em nós e imputando a nós mesmos todo o mal que há em nós (R.B. 4). No contexto do hinduísmo se diz que é preciso colocar continuamente a questão: quem sou eu? Só então nos colocaremos na verdade.

Portanto, morar dentro de si mesmo, no primeiro degrau, significa voltar a si mesmo, deixando a região da diferença, isto é, do pecado, porque somos criados à imagem e à semelhança de Deus (Gn 11,36).

Em seguida, no segundo degrau:

Vigiar seus pensamentos e seus atos. Esse grande meio consiste em "viver sob o olhar da Suprema Testemunha", em poucas palavras, na presença de Deus. Então, pouco a pouco nós nos colocaremos naquela região da semelhança com Deus.

Mas essa região da semelhança nos levará a perceber um terceiro degrau ou um terceiro nível de significação. Trata-se aqui de passar do Deus exterior para o Deus interior; de uma presença divina exterior a si para uma presença divina interior a si, melhor dizendo, a uma percepção de *si mesmo* (si com minúscula) investido, habitado por **Ele** (**Ele** com maiúscula), isto é, Deus. A alma fica sozinha com Deus, mas nele encontra o mundo todo. É o sentido da grande visão de Bento, objeto de nosso último capítulo.

Nesse ponto o diácono Pedro não compreende absolutamente nada, e Gregório volta a explicar:

Pedro, presta bem atenção naquilo que te digo. Por pouco que a alma contemplativa tenha entrevisto a luz de Deus, tudo aquilo que ele criou se lhe torna demasiado pequeno, pois a luz da contemplação alarga a capacidade da alma e assim seu espírito se dilata, recebendo uma luz interior que lhe mostra quanto é limitado tudo o que não é Deus.

Toda a vida espiritual é uma progressão

para esse despertar da luz interior; e sua vinda é certa como a aurora, para retomar uma expressão do profeta Oseias (6,3).

Trata-se de deixar Deus despertar no fundo da alma, de deixá-lo ser Deus na alma, de deixá-lo gozar sua alegria na alma. Morar dentro de **si mesmo** (com minúscula) torna-se um morar com **Ele** (com maiúscula), porque "aquele que se une com o Senhor não é mais que um só espírito com Ele" segundo a expressão de São Paulo aos Coríntios (1Cor 6,17). É a região da união.

Talvez possamos arriscar aqui certa semelhança com o Islã. Os maiores Sufis e Hallaj compreenderam de modo especial o *tawhíd* como unificação de si consigo mesmo, e unificação de si mesmo com Deus, o que evoca a ascensão da alma até a Fonte do ser. Por acaso Bento não fala de "voltar para Deus"? Podemos, ainda, arriscar uma comparação com a *hesychia*, que se traduz com várias palavras inseparáveis: solidão, tranquilidade do coração, repouso, desapego, recolhimento em si mesmo, conservado pela vigilância a fim de atingir a profundeza pessoal em que se encontra Deus. A *hesychia* é querida ao monaquismo do Oriente cristão e de modo especial em Monte Athos.

Interiorização

O monaquismo no fundo é um movimento de interiorização. Quer se trate do hinduísmo, do budismo ou do cristianismo, pode ser definido desse modo. É claro que a solidão tem um lugar primordial, essencial. Pela interiorização entendemos o movimento pelo qual o espírito se aprofunda em si mesmo em busca de seu fundamento. No cristianismo, mais precisamente, é um esforço de ultrapassagem do espírito na direção de Deus, com o objetivo de encontrá-lo em si mesmo, para além de si mesmo, "pela via evangélica" (R.B. Pról.) vivida integralmente.

Atingir seu princípio é para São Bento a volta para Deus (R.B. Pról.). Essa volta está condicionada à busca de Deus, cujo objetivo é a unificação.

Com efeito, os monges são assim chamados, escreve Pseudo-Dionísio Areopagita (c. 500) em *Hierarquia eclesiástica* (cap. 6), "porque eles exercem de modo puro o culto, isto é, o serviço de Deus, e porque a sua vida, longe de ser dividida, permanece perfeitamente una, porque eles se unificam por um santo recolhimento, que exclui toda dispersão, de modo a tender para a unidade de conduta conforme Deus e para a perfeição do amor divino".

Portanto, trata-se de escavar lá dentro a fim de encontrar a fonte, a Si mesmo.

O monaquismo floresceu de diversas maneiras no Oriente e no Ocidente, sob a forma eremítica (Santo Antão, o Grande, c. 251 a 356), sob a forma cenobítica (vida comunitária, sob uma Regra e um Abade, mais exigente do que a vida entre os *ashrams*, e em princípio até a morte), com São Basílio (c. 329 a 379), São Pacômio (c. 287 a 347).

São Bento tem uma grande admiração pelos eremitas, mas escreve suas leis apenas para os cenobitas, "a categoria mais forte dos monges" (R.B. 1), e chama São Basílio de "nosso Pai" (R.B. 73).

Assim, o cenobitismo é uma organização que tem por objetivo liberar os eremitas de todo cuidado material, temporal, de sua vontade própria, isto é, voltada sobre si mesmo, a fim de formá-los sob a direção de um idoso – o abade – que realizou a experiência de Deus, como o guru da Índia.

O cenobitismo é constituído por uma relação toda espiritual de cada membro com um homem – o abade ou superior – que representa Cristo. Desta relação decorrem as relações dos irmãos entre si.

No desenvolvimento do eremitismo, nesse sentido, encontra-se um modelo para ajudar os monges a "procurar verdadeiramente a Deus" (R.B. 58). É uma organização em escala comunitária da paternidade espiritual dos Padres do Deserto, pois a missão do abade decorre de um encontro solitário com Deus e tende a levar as almas a esse encontro autêntico num autêntica solidão.

A palavra "monge" vem de um termo grego – *monôs* – que significa primeiramente: orientado exclusivamente para *um único fim*, casto, não participado. Em seguida o significado se ampliou para: *um, só, solitário*, enfim, *único*, aquele que realizou a unidade, aquele que tende para a unidade.

O tema central desse retiro com São Bento consiste pois em "buscar a Deus verdadeiramente" (R.B. 58). Mas como? É o que vamos explicar começando por uma limpeza total da alma e terminando com uma redescoberta do mundo, mas desta vez em Deus, na contemplação.

primeiro dia

ESCUTAR

Escuta, meu filho, os preceitos do Mestre, e os ouvidos do teu coração estejam atentos. Recebe de bom grado o ensinamento de pai tão bondoso e coloca-o em prática... Abramos os olhos à luz que diviniza. Tenhamos os ouvidos atentos às advertências que Deus nos envia todo dia... Quem é aquele que deseja a vida e suspira por dias felizes? Se respondes sim a este pedido, eu estou presente. Deus te responde... O que pode haver de mais doce do que esta voz do Senhor que nos convida? Vê como o Senhor, em pessoa, em sua bondade mostra o caminho da vida.

(R.B. Pról.)

Silêncio

O Senhor em pessoa nos mostra o "caminho da Vida," isto é, o Evangelho. É preciso caminhar por essa estrada (R.B. Pról.), correr por ela (R.B. Pról.) Assim, se ouvirdes hoje a sua voz, não endureçais vosso coração (R.B. Pról).

É preciso voltar àquele de quem "te afastou a frouxidão da desobediência" (R.B. Pról.). Toda a Regra de São Bento está endereçada a esse objetivo. Ela sintetiza toda a sua experiência. Escrita em Monte Cassino, ele a corrigiu sem cessar, modificando e melhorando. É repleta de citações da Bíblia, porque é feita para atualizar a Escritura, a Palavra de Deus, não para tomar seu lugar. O conteúdo da Regra é para o monge sua forma de vida evangélica. Ela não fala de um "Jesus exterior", daquele que ia de um lugar a outro com seus discípulos proclamando a Boa Nova. O Cristo de São Bento é o "Cristo interior", que vive no abade, nos hóspedes, nos irmãos, aquele que chama do fundo do coração.

A Regra, "expressão acabada, definitiva do ideal monástico" – porque retoma toda a tradição anterior –, abre-se por um incentivo caloroso de São Bento convidando a escutar. Escutar a quem? Deus, porque ele fala. Fala de maneiras diferentes, mas de modo todo especial na Bíblia. Para escutar, é preciso começar fazendo silêncio. Para voltar a Deus, é preciso calar.

Não se pode "habitar em si mesmo" se existe dispersão. O silêncio é o mestre dos mestres, porque ensina sem falar. É no silêncio do claustro de Cassino que nasceu uma arte de viver, isto é, uma série de reflexões sobre a conduta da vida: a Regra. É pelo silêncio que se encontra sua verdadeira natureza, o sentido verdadeiro do seu ser, que se aprende a conhecer a si mesmo, que se mede a própria riqueza e a própria pobreza, que se penetra no centro da alma. O *homo benedictus* é o homem voltado para si mesmo.

Para ocorrer essa volta, é preciso aceitar a si mesmo com os próprios limites, aceitar os outros, aceitar a medida de si mesmo.

É no silêncio que se encontra o pensamento verdadeiro, mas para ter um pensamento verdadeiro é preciso um coração que procura ser purificado. Se o pensamento é verdadeiro, a palavra, a língua será verdadeira. E a ação também o será, isto é, "as mãos e os pés". Tudo isso conduz a uma realidade verdadeira, a *discretio* ou discernimento. É fácil aqui perceber uma aproximação com o budismo.

O silêncio é o objeto de um capítulo da Regra, o capítulo 6. Chamamos a atenção sobretudo para a expressão de São Bento "por amor do silêncio", não de um mutismo completo, mas da moderação nas palavras. Se o monge se coloca numa certa solidão, é para estar mais atento para ouvir a Deus. "É preciso pois aplicar-se sempre ao silêncio" (R.B. 42).

Palavra

"Com os olhos abertos à luz que diviniza e os ouvidos tomados de admiração, ouçamos as advertências da voz divina." Que luz é essa que diviniza, senão aquela que o Credo de Nicéia (325) proclama "luz da luz", Cristo que nos deifica? Que voz é essa que clama a nós todo dia, senão a voz de Cristo, que bate em nosso coração: "Eis que estou à porta e bato. Todo aquele que ouve minha voz e me abre a porta, entrarei em sua morada, cearei com ele e ele comigo" (Ap 3,20). Daí: "Que há de mais doce, queridos irmãos, do que esta voz do Senhor que nos convida?" (R.B. Própl.).

Uma vez colocados em estado de silêncio, esse estado deve sempre ser restabelecido e reconquistado para podermos escutar. Assim ele nos permitirá ouvir a palavra do Mestre, inclinar o ouvido de nosso coração. É preciso descer a um nível de nosso ser que não seja superficial para podermos escutar verdadeiramente.

Ele nos põe em condição de receber o ensinamento e nos promete dias melhores. Desse modo, quem não teria os ouvidos bem abertos? A voz do Senhor é doce, e em sua bondade Ele nos mostra o caminho da vida eterna e espiritual. Quem não desejaria segui-la?

A voz é um conjunto de sons que pronunciamos e transmitem a palavra. Falar é manifestar, exprimir seu pensamento, revelar o que estava escondido. A voz transmite a palavra. Melhor, quando a voz exprime uma ideia, ela toma o nome de palavra. Melhor ainda, quando a voz e a palavra se unem, a palavra então se manifesta, o verbo mental é proferido.

A voz está, pois, a serviço da palavra. O Verbo é a Palavra de Deus, em Deus, ou o Filho do Pai, sua expressão perfeita. Mas, para nos atingir, essa Palavra assumiu a carne, tornou-se Palavra proferida nos fenômenos visíveis, na história.

Cristo apareceu somente uma vez de modo visível, e agora todo dia, diz São Bento, esse mesmo Verbo vem em pessoa até nós oculto na voz humana. Decifrar a Voz naquilo que nos acontece é ouvir a voz do Verbo que nos fala, pois o acontecimento – isto é, logo que a voz e o Verbo se unem e nos atingem – traduz no mundo exterior a vontade divina em nós.

Precisamos aprender a escutar esses acontecimentos que se realizam na liturgia ou fora dela, como palavras de Deus. É assim que voltamos a Deus, que fazemos de nossa vida uma história santa, quando Deus intervém em nossa vida, como ele interveio na vida de Israel. Mas Israel não queria escutar.

Por essa razão devemos dizer como o pequeno Samuel: "Fala, Senhor, que teu servo escuta" (1Sm 3,11).

Esses "acontecimentos" são-nos oferecidos para nos ajudar a servi-lo, mas são sobretudo um material para nos auxiliar a construir nossa resposta à Palavra para voltarmos a Deus. E, com o tempo e a caminhada espiritual, nós nos damos conta – ó maravilha – de que sua graça todo-poderosa, a graça libertadora (pois ela liberta nossa liberdade) suscitava, dinamizava, construía, guiava, dirigia e completava de modo melhor a resposta de nossa vida. É a graça que é não apenas o arquiteto, mas também o pedreiro de nosso "sim" aos acontecimentos.

E depois, no emaranhado de nossa existência, por vezes bem caótica, Deus recupera não só o tecido inteiro, mas todos os fios que se soltaram, porque Ele sabe "fazer tudo concorrer para o bem daqueles que o amam" (Rm 8,28), mesmo os aspectos negativos.

Depois de conduzir o discípulo até seu coração, até o centro, Bento mostra o hóspede misterioso que nele opera.

Então ele pode dizer com o profeta: "Não a nós, mas a teu nome, seja dada a glória" (Sl 113,1) e com São Paulo: "É pela graça de Deus que sou o que sou" (1Cor 15,10).

segundo dia

PROCURAR A DEUS

Buscas verdadeiramente a Deus?
(R.B. 58)

Os instrumentos da arte espiritual
(R.B. 4)

Se nos colocamos em situação de silêncio para melhor escutar a Palavra de Deus que nos é dirigida pela liturgia, pela leitura da Bíblia, pelo abade, por nossos irmãos e nosso coração, ela cria um acontecimento na medida em que repercute em nós. São Bento, um homem prático, coloca nas mãos de seu discípulo uma lista "de instrumentos de boas obras" ou meios de perfeição, geralmente tomados de empréstimo mais ou menos literalmente da Sagrada Escritura, e será necessário utilizar com diligência esses instrumentos na oficina, que é o claustro do mosteiro. Ter-se-á em consideração a necessidade dos fracos.

Eis a lista dos "instrumentos da arte espiritual". Se nós os utilizarmos, o Senhor nos dará a recompensa que Ele mesmo prometeu: "o que os olhos não viram, os ouvidos não ouviram, o que Deus preparou para aqueles que o amam" (1Cor 2,9). São eles em número de setenta e dois.

Antes de mais nada, amar o Senhor de todo o coração, de toda a alma, com todas as forças.

Em seguida, o próximo como a si mesmo.

Não matar.
Não cometer adultério.
Não roubar.
Não cobiçar.
Não levantar falso testemunho.
Honrar a todas as pessoas.
Não fazer aos outros o que não queremos que nos façam.
Renunciar a si mesmo para seguir a Cristo.
Castigar seu corpo.

Não se entregar aos deleites.
Amar o jejum.
Auxiliar os pobres.
Vestir os nus.
Visitar os doentes.

Sepultar os mortos.
Socorrer os que se acham atribulados.
Consolar os aflitos.
Romper com os costumes do mundo.
Nada preferir ao amor de Cristo.

Não jurar, para não correr o risco dum perjúrio.
Dizer a verdade no coração e na boca.
Não pagar o mal com o mal.
Não injuriar ninguém, mas suportar pacientemente os que nos injuriam.
Amar os inimigos.

Não amaldiçoar os que nos amaldiçoam, mas abençoá-los.
Sofrer perseguições por amor da justiça.
Não ser orgulhoso.
Não entregar-se ao vinho.
Não comer em demasia.

Não ser sonolento.
Não ser preguiçoso.
Não ser murmurador.
Não ser detrator.
Colocar a esperança em Deus.

Se descobrir algum bem em si mesmo, atribuí-lo a Deus e não a si mesmo.

Reconhecer, pelo contrário, que se é autor do mal que existe em si, e sentir-se culpado.

Temer o dia do julgamento.

Ter medo do inferno.

Desejar a vida eterna com todo ardor de sua alma.

Ter diante dos olhos todo dia a ameaça da morte.

Vigiar a toda hora as ações de sua vida.

Estar consciente de que em todo lugar Deus nos vê.

Esmigalhar em Cristo os pensamentos maus logo que eles aparecem no coração, e manifestá-los a um pai espiritual.

Guardar sua língua de todo propósito mau e pernicioso.

Não gostar de falar muito.

Não dizer palavras inúteis ou que provocam o riso.

Não gostar de rir com frequência e rumorosamente.

Ouvir com prazer as santas leituras.

Aplicar-se com frequência à oração.

Confessar cada dia a Deus na oração, com

lágrimas e gemidos, suas faltas passadas e corrigir-se dos seus defeitos.

Não satisfazer aos desejos da carne.

Odiar sua vontade própria.

Obedecer em tudo às ordens do abade, mesmo que, Deus não o permita, ele aja de modo diferente, lembrando-se do preceito do Senhor: fazei o que eles dizem, mas evitai o que eles fazem.

Não querer passar por santo, antes de o ser, mas primeiro ficar santo, de modo que seja considerado tal com toda a verdade.

Cumprir todos os dias por suas obras os preceitos do Senhor.

Amar a castidade.

Não odiar ninguém.

Não ter ciúmes.

Não agir por inveja.

Não gostar de ficar discutindo.

Fugir da vaidade.

Venerar os anciãos.

Amar os mais jovens.

Por amor de Cristo, orar por seus inimigos.

Reconciliar-se, antes do pôr-do-sol, com os que discordam de nós.

Jamais desesperar da misericórdia de Deus.

A fé que não age, será uma fé sincera?

É notável o lado concreto de São Bento. A fé se manifesta e se desenvolve pela ação. Pode-se facilmente comparar essa lista com certos catálogos que encontramos no monaquismo budista. Conhecendo as dificuldades que os católicos encontram para se confessar, podemos dar a sugestão de servir-se deste capítulo 4 da R. B. como exame de consciência para encontrar a Deus.

terceiro dia

ACOMPANHAMENTO ESPIRITUAL

O quinto degrau de humildade consiste em revelar ao abade, por uma humilde confissão, todos os pensamentos maus que surgem na alma, como também as faltas cometidas secretamente.

(R.B. 7)

O abade

Trata-se, pois, da abertura de consciência, que tem um grande lugar na tradição monástica. Isso pode facilmente ser compreendido. Quando se deseja explorar um mundo desconhecido, toma-se um guia. Por isso, a pessoa que busca a interioridade volta-se para alguém que possa ajudá-la. É o pai espiritual. Pai porque doa a vida. Espiritual, porque se trata da vida do espírito.

Paternidade não é uma vaga metáfora, pois o guia faz entrar num mundo novo. Ele gera a vida divina. É uma verdadeira transmissão de vida, um novo nascimento (Jo 3,1-2). O pai é a primeira fonte da vida. O cenobitismo é constituído pelo encontro de um homem com outro homem, que representa Cristo e ocupa seu lugar. O abade reúne seus filhos espirituais, atraídos todos eles pela irradiação de sua personalidade, pela plenitude de vida que carrega em si. É preciso reconhecer que esse guia, esse mestre espiritual nem sempre é fácil de ser encontrado. Por ele ser totalmente dedicado a Deus, o discípulo coloca em seu abade o cuidado temporal e a direção de sua existência. A sociedade cenobítica é um prolongamento da experiência eremítica. São Bento não fez outra coisa do que propor ao monge, na estrutura da vida comum, o ideal contemplativo do anacoreta, uma vida de completa solidão. Não foi a reunião como tal das pessoas em volta de um santo monge que se desejou primeiramente, mas o mestre espiritual. O mesmo acontece, aliás, no monaquismo da Índia. O que constitui o centro do *ashram* é a *darsana* do guru. Antigamente as pessoas iam consultar o pai no deserto. Agora fica-se a seu lado, para receber os benefícios de seus ensinamentos por toda a vida.

Ele ensina por suas palavras e por seus

atos. Essa busca de Deus, para a qual ele convida seu discípulo, deve durar toda a existência. Por isso ele lhe indica o que deve fazer, porque o trabalho tem uma grande função no mosteiro beneditino como nos mosteiro zen. A ociosidade é inimiga da alma, diz São Bento no capítulo 48. "Reza e trabalha" foi uma norma dada à ordem beneditina. Por essa razão, o pai espiritual indica ao discípulo o que ele deve fazer: trabalho artesanal, agrícola, educacional, civilizador, científico, religioso. Pouco importa. Ele trabalha, ele tem cargos e funções (R.B. 48-50-57-62-65-66-67).

O mestre espiritual leva os outros à profundidade em que ele mesmo vive. Ele deve atrair, iluminar, encaminhando ao mestre interior, à alma da pessoa. O ensinamento interior corrobora o ensinamento recebido de fora.

Ele deve despertar, suscitar, desenvolver o desejo espiritual. O abade é auxiliado pelos "anciãos", que são como lâmpadas que clareiam, iluminam. Eles participam da cura, junto com o abade, que torna o discípulo apto a ver, porque ele é um cego de nascença (Jo 9,1-40), mas eles desaparecem diante da luz. Eles dizem o que viram e ouviram do mestre interior na ciência do coração.

Depois de ter sido formado, o discípulo

encontra em si o que carregava, mas era preciso uma mediação, palavras ditas por um mestre espiritual, que repete em seu devido lugar e ordem: "Minhas palavras são espírito e vida" (Jo 6,63). A Escritura explicada e vivida pelo abade tem um valor de sinal. Ela aponta para seu significado: o Mestre interior.

A comunidade

A comunidade é criada pelo abade, mas não é um fim em si mesma. As pessoas não estão a serviço da comunidade. As pessoas e a comunidade estão a serviço de Deus, o que absolutamente não é a mesma coisa. A comunidade, então, personaliza o ser de cada um, pois cada um recebe dos outros e doa aos outros, completando-se assim uns aos outros. Mas a comunidade pede, apela, exige o sacrifício de si mesmo para o bem do outro. Realizando isso, o monge se identifica com a pessoa de Cristo. A santificação pela vida em comum acarreta para algumas pessoas mais penas que alegrias, mas a relação interpessoal na busca de Deus é um dos aspectos maiores do cenobitismo beneditino. Negligenciar isso seria negar a instituição beneditina e destruir o segundo mandamento. Cristo veio salvar o relacionamento humano, a tal ponto que isto pode e deve ser uma participação no amor que une as pessoas divinas entre si. Assim, a personalidade de cada um aumenta pelo fato de unir seu próprio valor a toda a comunidade. Em contrapartida, a plenitude da vida da comunidade eleva e enriquece as personalidades, e isso tanto mais que a comunidade está no primeiro plano, no pensamento e no esforço dos indivíduos.

O leigo pode ser beneficiado pelo acompanhamento espiritual do abade, ou, no mais das vezes, pelos pais espirituais indicados por ele, para supri-lo nessa função. Mas, monge ou leigo, não participará dessa paternidade, a não ser que pratique uma abertura de consciência tão extensa quanto possível. É preciso ainda estar disposto a escutá-lo.

Deve-se notar que na Índia, entre os ashrams, o guru, ao menos na tradição não-dualista, é considerado pelos discípulos de tal modo que o "eu" do mestre em seu último nível não é outro que o "Ser" (Brahma) que "se tornou" uma Realidade.

Mas o abade terá em consideração a fraqueza de cada um e cuidará que tudo se realize com moderação, por causa dos fracos. E isso vale tanto para o esforço ascético como para a repartição do trabalho (R.B. 48).

A abertura de coração é como o último golpe dado a nós mesmos para chegar à verdade de nosso interior, para nos tornarmos nós mesmos de verdade.

quarto dia

OBEDIÊNCIA

Uma obediência pronta é necessária àqueles que não têm nada de mais caro do que Cristo.
(R.B. 5)

Fundamento e objetivo da obediência beneditina

É com essas palavras que se abre o capítulo 5. Por quê? A razão é a seguinte: Quem fala em amor, fala em desapego de si mesmo. O amante não pode deixar de dizer ao amado: "Eu quero depender de ti" (está subentendido: para receber a vida). Amor e vontade independente são incompatíveis, a não ser superficialmente. A obediência estabelece a renúncia de si mesmo e assim favorece a união com Deus. O fundamento da obediência – ao contrário da pobreza e da castidade – não se encontra numa palavra de Cristo, mas numa atitude que Ele mesmo praticou, melhor, que é seu próprio ser.

Em Jo 5,19 encontramos isto: "O Filho nada pode fazer por si mesmo senão o que vê seu Pai fazer. O que Ele (o Pai) faz, o Filho também faz, porque o Pai ama o Filho e mostra tudo o que Ele faz."

O Filho nada poder fazer por si mesmo; ele deve fazer por si mesmo tudo o que o Pai faz.

A obediência beneditina, portanto, não deve ser procurada na vida de grupo, na segurança do bem comum, na necessidade de um chefe para toda vida de comunidade, mas porque o indivíduo crê que o abade representa Jesus Cristo, e que o monge diante de seu superior está num estado de igual relação que o Filho com respeito a seu Pai. A perfeição do amor consiste em não querer nada que o outro não queira. "Tudo o que lhe agrada eu faço sempre" (Jo 9,19). E ainda: "Como o Pai me ordena, assim eu faço" (Jo 14,31).

De si mesma a obediência não se dirige senão a Deus, porque ela consiste em renunciar a fazer sua vontade própria, renunciar a seguir os pendores de suas inclinações e desejos, renunciar a organizar sua vida de acordo com sua vontade, e assim merecer perceber e discernir a vontade de Deus, o que Ele julga ser bom, agradável e perfeito (Rm 12,2).

Ora, Deus fala pelos seus mandamentos, por suas leis, pela autoridade, mas existem também os convites dos irmãos, os conselhos dos homens de Deus, os acontecimentos pequenos e grandes, e principalmente as inspirações divinas. É ao preço de uma renúncia perseverante à sua vontade própria que se poderá discernir o segundo modo de Deus falar. Obedecer aos mandamentos deverá nos levar a ser acolhedores dos desejos, das sugestões dos superiores, dos conselhos de pessoas espirituais, dos acontecimentos cotidianos, das moções do Espírito. É este o objetivo da obediência: fazer-nos dóceis às moções do Espírito pela renúncia da própria vontade. O verdadeiro objetivo da obediência é que Deus se torne de fato o único mestre de nossa vontade. "Aqueles que são movidos pelo Espírito de Deus, estes são filhos de Deus" (Rm 8,14). Ela deve ser a tradução, na realidade concreta – sempre o concreto –, de nossa humildade, pois essa obediência – não obediência militar, mas amorosa – é uma participação dessa submissão filial, e participação do Espírito de Cristo com relação a seu Pai. Ela indica e mede nossa deficiência interior sob a mão de Deus.

Entregando minha vontade própria a um outro para não mais querer a não ser o que Deus quer, expresso pelo superior – mesmo quando ele se engana – eu atinjo a vontade de Deus sobre mim: uma participação de uma dependência do Filho com relação ao Pai, uma participação do rebaixamento do Filho diante do Pai, uma imitação da *kenosis* (rebaixamento) de Fl 22,6. Sendo movidos pelo Espírito, Deus torna-se o mestre de nosso destino, apesar das causas segundas que podem ser defeituosas (os superiores). Por essa razão uma ordem não precisa necessariamente ser a melhor, mas ela torna-se a melhor para o interessado.

Quando obedecemos, abraçamos a vontade de Deus, mas a vontade de Deus não é distinta dele. Ela é o próprio Deus.

A obediência não é uma destruição da pessoa ou da liberdade, mas sua concretização mais elevada. O monge une sua vontade à de Deus. A obediência pode parecer um obstáculo ao desenvolvimento. Na realidade, é ela que o realiza, se for praticada por amor (R.B. 68). Ela conserva uma disposição permanente diante da vontade divina, uma característica do amor. Desse modo a alma, então libertada de sua vontade própria, deixa Deus agir nela para realizar sua obra.

Qualidades da obediência beneditina

Mas essa obediência só será bem aceita por Deus, agradável aos homens, se a ordem for executada sem revolta, sem tardança, sem tédio, sem murmuração, sem palavras de resistência. Porque a obediência prestada aos superiores é prestada a Deus. Ele diz: "quem vos ouve a mim ouve". E o discípulo deve obedecer de coração alegre, porque Deus ama quem doa com alegria.

Entretanto São Bento volta ao capítulo 68 sobre a obediência, prevendo o caso em que se sobrecarregaria o irmão com coisas impossíveis...

Se por acaso ele julga que o peso do fardo ultrapassa inteiramente as suas forças, ele apresentará aos superiores as razões da impossibilidade, mas o fará com resignação e de modo conveniente, sem demonstrar nem orgulho, nem resistência, nem contradição... E se o superior mantiver sua ordem, o súdito ficará persuadido que a coisa lhe é vantajosa, e obedecerá por amor, colocando sua confiança no auxílio de Deus.

Existe, pois, uma oportunidade para o diálogo com a autoridade. Essa oportunidade é determinada pelo superior. Então, em meio à agitação interior, o discípulo deverá se esforçar por escutar seu coração e obedecer. Mais uma vez, essa obediência convém "aos que nada têm de mais caro do que Cristo". *Obedecer* vem da palavra latina *audire*, que significa *escutar*. Sempre se deve estar atento à escuta de Deus. Isso para vencer a vontade própria, o egoísmo.

quinto dia

HUMILDADE

A divina Escritura nos alerta: todo aquele que se exalta será humilhado e todo aquele que se humilha será exaltado (Lc 14,11)... Se, pois, desejamos atingir o mais alto grau da humildade perfeita e chegar rapidamente a esta grandeza celeste, aonde se chega pelo rebaixamento na vida presente, é necessário, através de nossas ações, subir por esta escada que aparece no sonho de Jacó. Ele via anjos descendo e subindo por ela. Essa descida e essa subida com certeza não significam outra coisa senão que se desce pela exaltação e se sobe pela humildade. A escada em questão é nossa vida neste mundo, que o Senhor dirige para o céu, se nosso coração se humilha. Os dois lados dessa escada simbolizam nosso corpo e nossa alma: nesses dois lados, o apelo divino estabeleceu diversos degraus de humildade e de perfeição para escalar.

(R.B. 7)

A escada da humildade

No capítulo 7, estamos no ponto mais importante da Regra beneditina. Depois de declarar que se trata de voltar para Deus, depois de indicar os instrumentos a serem empregados para encontrar a Deus verdadeiramente, Bento aborda a caraterística própria do ascetismo beneditino: a humildade.

O primeiro degrau consiste para o monge em desenvolver em sua alma um sentimento bastante vivo de Deus, de sua transcendência, do mistério *tremendum* e *fascinosum* ("tremendo, mas também maravilhoso") do Totalmente Outro. O Deus de São Bento não é de modo algum um Deus camarada. Esse degrau nos coloca na presença de Deus. É o "temor de Deus", para usar a linguagem do Abade de Cassino. Deve-se pois evitar o esquecimento de Deus. O monge deve estar consciente de que "Deus lá no alto do céu o vê a todo momento, que em toda parte o olhar da divindade contempla seus atos". É preciso lembrar que em Subiaco, Bento vivia sob o olhar amoroso de um Deus eternamente Atento, como uma Grande Testemunha, desejando "agradar somente a Deus". Daí a necessidade dessa vigilância.

No capítulo 4 ele tinha dito: "Vigiar a todo instante sobre as ações de sua vida". Vigiar quer dizer prestar atenção ao que se diz e se faz. Quer dizer focalizar a luz da consciência sobre nossos atos. Mas como iluminá-los?

São Bento tinha respondido: "Estar convencido de que em todo lugar Deus nos vê". Assim, ele alerta: "Antes de cada ação que tenha certa importância, peça a Deus que Ele se digne levá-la a bom termo" (R.B. Pról.), isto é: antes de empreender qualquer coisa de bom, peça a Cristo que está mais perto de você do que você mesmo, que seja Ele que a leve à perfeição. Podemos ver aí a aplicação daquilo que ensina e promete o Senhor em Jo 14,13: "Tudo o que pedirdes em meu nome, eu o farei". Não se trata apenas de desejar praticar a ação, não apenas desejá-la, mas realizá-la. Ora, isso exige a ação da graça, como nos diz São Paulo: "Deus opera em vós tanto o querer como o fazer" (Fl 2,13).

Assim São Bento toma cuidado de nos advertir, no mesmo capítulo 4: "Se percebes algum bem em ti, é preciso atribuí-lo a Deus e não a ti mesmo; pelo contrário, é necessário reconhecer sempre em ti o autor do mal que existe em ti, e por isso reconhecer a própria responsabilidade".

É preciso, pois, deixar de ser o dono de nossos atos, a fim de atribuí-los, fazê-los, segundo a fórmula de São Paulo: "em Cristo". Na Índia um swami diria: "Deixar a própria individualidade".

Então, tudo será feito à luz do dia, isto é, na fé, à luz da consciência unida à de Cristo.

Se teimamos em ser os donos de nossos atos, se cremos que somos nós sozinhos que os praticamos, e não Ele em nós e por nós, estamos em estado de sono espiritual. Isso acontece porque não sabemos do mal de que somos capazes. Ainda não se deu em nós o despertar, pois Cristo disse: "Sem mim, nada podeis fazer" (Jo 15,5).

A esse sentimento de fé viva, o monge acrescentará a abnegação de sua vontade própria. É o segundo degrau; de tal modo que a vontade de Deus substitua a sua: "Eu não vim para fazer a minha vontade, mas a vontade de quem me enviou" (Jo 6,8 citado por São Bento).

Submissão ao superior em toda obediência por amor a Deus, imitando o Senhor, segundo o que diz o apóstolo: "Ele se fez obediente até à morte" (Fl 2,8). É o terceiro grau de humildade.

Essa obediência se impõe ao monge mesmo "nas coisas duras e ásperas" (R.B. 58). No meio das adversidades, ele estará bem "amparado pela esperança da recompensa divina, pois em todas essas provações nós conseguimos a vitória graças Àquele que nos amou" (Rm 8,37). É o quarto degrau.

O quinto degrau é a abertura de consciência ao Pai espiritual, o que já comentamos.

O sexto degrau deseja que o monge se contente de tudo o que é vil e abjeto.

O sétimo degrau prescreve ter uma verdadeira e profunda noção de sua miséria.

Nada seja feito que não esteja de acordo com a Regra do mosteiro e à experiência dos antigos. É o oitavo degrau, ou seja, a fuga de toda singularidade.

O nono degrau: É preciso pôr um freio na língua.

O décimo degrau condena o riso fácil, porque é inexprimível a seriedade da vida cristã e monástica. Quando fala, o monge deve fazê-lo com suavidade, com gravidade, com poucas palavras, bastante sensatas, evitando gritar. Eis o undécimo degrau, ou seja, a reserva nas palavras.

Enfim, no décimo segundo degrau, Bento ordena regrar humildemente seu exterior. É a modéstia no comportamento.

É evidente que todos esses conselhos se apoiam em sentenças apropriadas da Escritura.

Veremos no capítulo seguinte com que profundidade será necessário ler e viver esses degraus de humildade. Aqui estamos tratando do que o homem pode realizar com o auxílio da graça comum. Mais adiante faremos uma leitura mística, porque existe um mistério de humildade que consiste em aproximar-se de Cristo em seu rebaixamento. Aquele que está em meditação espiritual deverá pedir a humildade, fundamento de todo edifício espiritual.

A humildade é um diagnóstico incomparável para se tomar consciência do estado de uma alma, porque se trata de ser verdadeiro consigo mesmo.

Fazer a experiência de que realmente a gente não é nada, não pode ser outra coisa senão a obra de Deus em nós, como veremos no capítulo seguinte. Essa obra se realiza o mais das vezes por meio dos acontecimentos que aparecem em nossa existência. Estamos no chão. É bem ali que estamos. Nosso "eu" recebeu tamanha bofetada, sobretudo nos degraus 6 e 7, que não se atreve mais a exibir-se. O indivíduo, depois disso, permanece escondido (degraus 8, 9, 10, 11, 12). São Bento nos dá então por modelo o publicano do Evangelho.

Cristo, fundamento da humildade

Atualmente a humildade não tem muito "cartaz". Qual é a crítica que se lhe faz? Dizem que o nome cristão se apresentaria como um complexo de inferioridade.

O complexo de inferioridade é uma caricatura da verdadeira humildade. No fundo é um disfarce sutil do orgulho. Nesse estado deixa-se de agir, porque não se deseja a decepção. A humildade verdadeira está convencida de que por si mesma nada se consegue, porque é Cristo que pode tudo em nós. A alma humilde não receia agir e realizar grandes coisas, pois procura glorificar a Deus. A alma humilde conhece a parábola dos talentos (Mt 25,14-30), mas sabe por experiência como é verdadeira a palavra de Cristo: "Sem mim nada podeis fazer" (Jo 15,5). A humildade não rebaixa o homem, porque ela permite chegar até Deus. Desse modo ela é "uma recompensa". Por que tais rebaixamentos? Por que é preciso descer para subir? Por causa da *kénosis* (aniquilamento) de Cristo. "Ele era de condição divina e se aniquilou a si mesmo, tomando a condição de servo. E se humilhou mais ainda. Por isso Deus o exaltou" (Fl 2,6-8). E por que esta descida e subida no próprio Jesus Cristo? Porque, no fundo, a humildade é o próprio movimento do amor. Uma alma que ama será sempre humilde diante da pessoa amada, porque deseja possuir tudo, receber tudo da pessoa amada. Amar consiste em se despojar diante do outro, desejar-lhe o bem em prejuízo de si mesmo.

Se Deus escolheu rebaixar-se por nós através da humilhação da Encarnação, é para nos incitar a tomar o mesmo caminho e assim nos elevar até à divinização.

Por isso, se desejamos subir, subir sempre mais e mais, é preciso descer, descer cada vez mais. Tornar-se pequeno quanto Deus o permitir por meio dos acontecimentos que escolher, e por todos os recursos de que desejar se servir para tal fim. Assim estaremos abertos à ação divina.

O fruto da humildade é o amor. Um atrai o outro.

A humildade leva ao desenvolvimento do amor.

Por isso é necessário acolher o dom divino da humildade.

Este simbolismo da descida é a escada de Jacó, figura da vida mística.

A humildade é uma participação nos sofrimentos de Cristo pela paciência, participação mística que dá toda significação à humildade e à obediência beneditinas, ligadas assim aos mistérios da Encarnação e da redenção, a que o monge é chamado a viver. Os diferentes degraus da escada fazem a teologia da cruz de São Bento. Sobe-se pela humildade e se desce pelas humilhações. A cada grau de purificação corresponde um novo degrau de Vida. O monge morre para si mesmo, degrau por degrau, a fim de atingir o topo da escada, neste estado de morte mística do indivíduo, porque a humildade mata o eu, torna-o vazio. Lembramos aqui as meditações do Zen.

sexto dia

AINDA A HUMILDADE

Chega-se ao sexto degrau quando um monge se sente satisfeito com tudo o que existe de vil e baixo; quando, em todas as ocupações que lhe dão, ele se julga indigno e incapaz de conseguir, falando como o profeta: Eu fui reduzido a nada e eu não sei nada; eu me tornei como um animal de carga diante de vós e sempre me encontro diante de vós.

O sétimo degrau consiste não somente em se proclamar com os lábios o último e o mais vil de todos, mas também a crer nisso do fundo do coração, dizendo com o profeta: Eu bem sei que sou um verme e não um homem. Eu sou o opróbrio dos homens e o rebotalho do povo.

(R.B. 7)

Leitura do capítulo 7 em um nível mais profundo

Humanamente falando, como podem ser conciliados esses dois extremos: a alegria e o contentamento com o rebaixamento? Como chegar a uma opinião sobre si mesmo tal que se julgue como indigno e incapaz de tudo?

Tal desvalorização da pessoa não poderia acarretar, para alguns, conflitos psicológicos e graves depressões?

Se queremos realmente "aderir" ao texto de São Bento e ao seu sentido prático (o que supõe, na maioria dos casos, calúnias, desprezo, campanhas de difamação, oposições, perseguições – porque não existe humildade sem humilhações, nem santidade sem humildade), se queremos evitar adocicar nosso texto de apoio, com piedosas reflexões, então estaremos nos desviando do ascetismo.

Nos degraus sexto e sétimo, a alma se coloca na perspectiva de Deus, para julgar-se a si mesma, porque ela se encontra exatamente na via unitiva, depois de ter conhecido a via purificativa e iluminativa. O que ela vê de grande em si mesma – pois seria uma falsa humildade deixar de reconhecer os dons de Deus em si mesmo, segundo Santo Tomás na Suma Teológica II^a II^{ae}, 161, art 3 – lhe aparece com tal evidência como obra de Deus que nem sonha atribuir a si mesma o mínimo merecimento. Pelo contrário, toda a sua miséria lhe aparece de tal modo como coisa sua, que comparada com outros ela não tem direito senão à confusão. Irá de preferência buscar o último cargo, o último lugar. Por quê? Porque essa atitude será a mais adequada ao seu nada. "Aquele que se rebaixa será exaltado." A alma gosta, então, de reconhecer o seu nada, porque este nada reconhecido deixa nela todo lugar para Deus. Mas essa percepção de seu nada só é possível graças a uma influência bastante particular de Deus na alma, que se chama, na linguagem mística, *a noite passiva do espírito*. Nesse caso, não é mais a alma que age para se colocar em seu verdadeiro lugar, é Deus mesmo que lhe mostra seu nada: "Eu fui reduzido a um nada, eu não sei nada, eu me tornei um animal de carga diante de vós, e me encontro sempre diante de vós". Com outras palavras, a alma atinge a margem da santidade. O sexto degrau consiste pois no amor de seu nada diante de Deus. A alma percebe o TUDO de Deus e o NADA da criatura. Ela adquire um senso profundo da grandeza de Deus e de sua transcendência.

Ninguém pode avaliar a imensidão do sacrifício que Deus fez quando se encarnou em Cristo, mas a seu modo a alma desejaria continuar sua *kénosis* (rebaixamento). Há uma propensão nela para deixá-lo reviver em si qualquer coisa desse rebaixamento supremo, segundo seu modo peculiar de ser. Então tudo lhe parece bom para se reduzir a nada.

A santidade

Mas não é tudo. O sétimo degrau põe a pessoa em conformidade com o servo sofredor de Isaías (cap. 53): "Objeto de desprezo e rebotalho da humanidade... homem de dores e experiente no sofrimento... Ele foi desprezado e desconsiderado... Deus se agradou em esmagá-lo pelo sofrimento... Depois das provações de sua alma, ele verá a luz e será cumulado de recompensas". "Eu não sou mais que um verme." Citando esse versículo do Salmo 22 (21), São Bento deseja dizer que o monge é rejeitado pelos homens e pelo "mais vil de todos"; deseja indicar que ele se tornou abjeto e desprezível. Com efeito, o indivíduo se considera um nada, isto é, tal como é aos olhos de Deus. Ele se deixa trabalhar pela mão purificadora. Crê-se capaz de todos os fracassos, o que realmente acontece. É isso que lhe dá a convicção, a persuasão íntima de que ele é o mais desprezível de todos os homens. A luz divina o ilumina e "ele o crê do fundo do coração". Sem esse reconhecimento amoroso de suas abjeções, a humildade não é completa. Conhecer seu nada, sem desejar experimentá-lo na realidade, não é a humildade de coração que Nosso Senhor recomenda. O sétimo degrau é pois o amor do seu nada diante dos homens. O monge deve gostar de reconhecer o que ele é, porque o nada reconhecido deixa nele todo lugar para Deus. Ele reconhece – o que faz sua alegria – que todo o bem que nele se encontra vem de Deus, que é Deus que o realiza nele e por ele. Deus se tornou realmente o TODO.

A humildade realiza o vazio dentro da alma, mas o amor a enche. "O monge, tendo subido todos os degraus da humildade, chegará logo a este amor de Deus que, se for perfeito, afugenta o temor" (R.B. final 7).

Então a alma ama a Deus por Ele mesmo. A procura do seu interesse agora é o interesse de Deus. O esforço por adquirir a virtude, a visão de seus próprios progressos, seus merecimentos, a recompensa que espera, tudo isso acabou, pois a pessoa age de agora em diante por amor de Cristo (R.B. final 7). Estamos aqui diante de um amor passivo, bastante puro e perfeito. A humildade conduz à caridade perfeita.

"É isto o que o Senhor vai se dignar pôr em evidência pelo Espírito Santo em seu servidor, purificado de seus vícios e de seus pecados." Os doze degraus da humildade são doze degraus de amor. "É bom que eu me tenha humilhado por vós" (7º degrau). Essa regra faz perceber ao monge um amor adiantado, purificado cada dia mais.

No décimo degrau da escada em sua primeira parte, o monge "sente-se a toda hora carregado de seus pecados, indigno de elevar seus olhos para o céu". O modelo aqui é o publicano do Evangelho. Por quê? São Bento chegou aos mais altos degraus de humildade – os mais elevados cumes da santidade – e por isso descreve sua Regra como "uma pequena Regra, escrita para principiantes". De fato, a passagem do capítulo 73: "os mais altos cimos de doutrina e de virtude que acabamos de lembrar" não visa apenas, segundo nossa opinião, os ensinamentos dos Santos Padres, São Basílio e os demais Padres do deserto, mas Bento aqui tem em mente o capítulo 7, especialmente os degraus 6, 7 e 12, que de fato mostram a mais alta santidade. No topo da escada, a alma vazia de si mesma é invadida pelo Espírito Santo. Isto se verificará em nosso último capítulo.

sétimo dia

DESPOJAMENTO

Seja dado a cada um conforme suas necessidades.

(R.B. 45)

Qual a razão desse despojamento?

O fundamento doutrinal da pobreza é o apelo de Cristo: "Se queres ser perfeito, vende tudo o que tens, depois vem e segue-me" (Mt 19,21).

Não se trata apenas de identificar-se com um ambiente social de deserdados e assim poder anunciar-lhes melhor a Boa Nova; as razões aqui não são econômicas ou comunitárias. Cristo mesmo é pobre; ele recebe todo o seu ser e suas posses de um Outro e deseja tudo possuir do Pai.

Portanto, trata-se muito mais de um despojamento.

A pobreza beneditina é uma pobreza de dependência, dependência do Pai do mosteiro. O discípulo, por isso, estará na mesma relação de Cristo com seu Pai. Aquele que vive do espírito de pobreza tem sua segurança em Deus. Nada o impede de entregar-se totalmente à ação Daquele que vem até ele. Nenhuma tentação de autossuficiência – por exemplo, de orgulho – precisa ser temida, porque ele nada possui sobre o que deva estabelecer o menor domínio. Ele não pode senão colocar-se nas mãos de Deus em todas as coisas. A alma se encontra sempre maravilhada com a conduta de Deus a seu respeito. Ela vive a palavra do Evangelho: "Não vos inquieteis do que deveis comer, do que ves-tir"... (Lc12,12). E, se por vezes Deus nos deixa em alguma incerteza com respeito ao dia seguinte, nós nos lembraremos de que esse é o modo como participamos nas misérias do mundo, associados a dois terços da humanidade, mergulhados na penúria.

No capítulo dedicado ao responsável pela despensa (R.B. 31), ele se esforça com atenção para que ninguém fique prejudicado nem magoado na casa de Deus, e sublinha que deve-se considerar todos os bens do mosteiro como os vasos sagrados do altar. Os monges devem esperar e aguardar do Pai do mosteiro tudo o que lhes é necessário (R.B. 33), pois o abade deve dar a todos o que lhes convém (R.B. 55). Mas tudo o que poderia ser considerado demais deve ser cortado (R.B. 55).

Pobreza material e pobreza espiritual

Sempre se distinguiram dois tipos de pobreza:
— pobreza material.
— pobreza espiritual.

Ora, a pobreza material está em função da espiritual. É impossível estar desapegado dos bens terrestres se não se está desapegado de si mesmo. Nosso amor ao próximo é a medida de nosso amor a Deus, mais ou menos como nossa humildade diante dos outros é a medida nossa humildade diante de Deus.

Em si mesma a pobreza nada tem de útil. O que espiritualiza uma pessoa é a pobreza aceita, procurada, desejada por amor a Jesus. É o desejo de imitar Jesus o mais possível e de lhe pertencer melhor. Não uma pobreza apenas tolerada, mas uma pobreza real e amada.

Em uma célebre síntese, Pascal disse tudo: "Eu amo a pobreza porque Jesus a amou". Viver realmente como pobre, o que significa isso? É uma simplificação da vida. É reduzir seus bens, excluir o supérfluo. A pobreza pregada por Cristo é uma certa indiferença a respeito dos bens materiais, é o "como se" de São Paulo: "Aqueles que compram, sejam como se não possuíssem, aqueles que usam deste mundo, como se de fato não o usassem, porque a figura deste mundo passa" (1Cor 7,30-31). Na Índia se costuma dizer que o mundo é *maya*, uma fascinação ilusória.

É preciso contentar-se com o necessário, e para consegui-lo deve-se contar antes de tudo com o Pai celeste, que nos dá o trabalho. O coração está distante dos bens desta vida, porque nosso tesouro está nos céus. Resumindo, é contentar-se de pouco, do que é suficiente. Então Deus se torna a única riqueza da alma. A pobreza supõe que toda propriedade pessoal seja regulamentada em dependência de um outro. Está pois ligada à obediência e à humildade.

Será preciso chegar até ao despojamento? Não.

A melhor forma de pobreza religiosa na

tradição beneditina não é a que implica o maior despojamento, mas a que afasta melhor toda preocupação com relação aos bens terrestres, aquela que é mais apropriada a alimentar a virtude da esperança e a nos tornar ricos de Deus. Em suma, para retomar a expressão de São Paulo: "A piedade se contenta com o necessário" (1Tm 6,6). Entretanto, é preciso notar que o necessário varia em função de cada um e conforme o degrau de união com Deus. Se alguém precisa de mais, é necessário humilhar-se. Se alguém precisa de menos, não ficará indignado que os outros tenham mais, mas sentir-se-á reconhecido ao Senhor por ter o suficiente, embora pouco.

A pobreza material visa nossas posses. Mas existe também a pobreza espiritual, que consiste não somente no desapego das coisas deste mundo, mas no desapego de si mesmo, a fim de deixar Deus ocupar o lugar de nosso "eu". Procura não se afeiçoar, não se apegar nem aos bens temporais (cargo, dignidade, ocupações), nem aos bens naturais (saúde, inteligência, talentos, discernimento), nem aos bens sensíveis (satisfação, reputação, relacionamentos, desejo de certas funções), nem aos bens morais (virtudes, méritos), nem aos bens sobrenaturais (consolações, graças de conhecimentos superiores, dom de oração privilegiada). "Nada tendo e tudo possuindo" (2Cor 6,10).

Temos pois de nos examinar sobre todo o supérfluo que possa existir em nossa vida. Tudo o que acharmos demais deverá ser cortado. "Basta o suficiente." É a palavra de São Bento no cap. 55.

sétimo dia

oitavo dia

OS OUTROS

Há um tipo de zelo todo especial que afasta dos vícios e conduz a Deus e à vida eterna. É o zelo que os monges devem praticar com um ardente amor, isto é, eles terão tal delicadeza uns pelos outros, a ponto de adivinhar suas necessidades. Suportarão pacientemente as fraquezas dos outros, tanto as do corpo como as do espírito. Sujeitar-se-ão aos desejos uns dos outros. Ninguém deve procurar o que julga útil para si mesmo, mas antes o que é útil para o outro. Praticarão a caridade fraterna com desinteresse... Nada deverão preferir a Cristo.

(R.B. 72)

A caridade fraterna é difícil, bastante difícil. São Bento não deixou uma escada para a caridade fraterna como fez para a humildade, porque para ele a humildade está ligada à caridade.

Uma escada santa

O primeiro degrau da caridade consiste em aceitar que meu irmão ou minha irmã, ou meu esposo tenha pelo menos um defeito.

O segundo degrau da caridade consiste em admitir que meu irmão ou irmã, esposo ou esposa, tenha pelo menos dois defeitos.

O terceiro degrau consiste em aceitar que, em vista da fraqueza humana, nós também temos um defeito.

O quarto degrau consiste em suportar as críticas e tirar disso um proveito, apesar dos exageros. Para isso é preciso acalmar a imaginação, refrear as batidas do coração e calar.

O quinto degrau é reconhecer que nosso irmão tem pelo menos uma qualidade.

O sexto degrau é reconhecer que nosso irmão tem pelo menos duas qualidades.

O sétimo degrau consiste em tentar adquirir as qualidades observadas nos outros.

O oitavo degrau é procurar descobrir Cristo nas qualidades de nossos irmãos.

O nono degrau é descobrir Cristo por trás dos defeitos e pecados de nossos irmãos.

O décimo degrau é não julgar nossos irmãos e assim não arrasá-los.

O undécimo degrau é não apenas não prejudicá-los, mas procurar o seu bem.

O duodécimo degrau é perdoar os outros, aqueles que nos fizeram sofrer. É preciso chegar até aí: "sede perfeitos como vosso Pai celeste é perfeito" (Mt 15,48).

Mas é claro que o perdão está na vontade, não na memória, nem na sensibilidade.

É preciso aceitar que nossos irmãos sejam outra coisa que criações de nossa imaginação. Mas eu também sou outro diferente do que imagino ser. Queremos que os outros sejam como nós desejamos. Eles não o são, daí nossa frustração. Entretanto, compreender é perdoar.

Como eu vos amei (Jo 13,34)

Jesus nos ama apesar de nossos defeitos. Não se trata de defender a existência do pecado no mundo e da falta de transparência que se encontra nas pessoas. Trata-se de fazer penetrar de uma vez por todas em nosso espírito e nosso coração esta verdade capital do Evangelho: nossa miséria não impede Deus de nos amar infinitamente. E também a miséria dos outros não deve nos impedir de amá-los como Deus os ama. "O que fizestes a um dos meus, foi a Mim que o fizestes" (Mt 25,40). Essa frase precisa sempre ser meditada. Não se trata somente de suportar os defeitos dos outros, mas também de não ficar admirados com suas fraquezas, de edificar-se com os atos de virtude que os vemos praticar, e ainda de querer o bem deles, de promover sua ascensão, de agradá-los nas pequenas coisas como nas grandes.

Amando a Deus em nossos próximos, amando-os por causa de Deus, nós os amamos neles mesmos, naquilo que eles têm de mais pessoal: sua relação fundamental com Deus, sua aspiração por Deus, que se identifica com sua vocação própria. Aqueles que me parecem bem distantes acham-se inseridos entre os membros do Corpo de Cristo.

Assim, nossa visão do próximo deve ser sem ilusão e cheia de amor.

Eis o que resulta de uma vida levada em comum tal como São Bento a via. Uma comunidade é fundada sobre o perdão mútuo. O patriarca dos monges, em sua brevidade, não disse todas essas coisas, mas "Se nós nos amamos uns aos outros, Deus permanece em nós, e o seu amor se realiza em nós" (1Jo 4,12).

nono dia

ACOLHIDA

Todos os hóspedes que chegam ao mosteiro serão recebidos como Cristo, pois Ele dirá um dia: Eu pedi hospedagem e me recebestes... São os pobres e peregrinos que devem ser cercados de maior atenção porque é principalmente em sua pessoa que se recebe a Cristo. Quanto aos ricos, o temor que eles despertam já lhes garante honra suficiente.

(R.B. 53)

Sentido atual da hospitalidade beneditina

A tradição unanimemente tem apresentado o monaquismo como a dimensão vertical do cristianismo, como se diz hoje em dia; ou, ainda, como a mais pura expressão de um movimento de transcendência. O que os primeiros monges buscavam, deixando as comunidades cristãs em troca do deserto, era o testemunho da transcendência divina, o absoluto pelo absoluto, não o absoluto pelo homem. Queriam viver somente para Deus. Para a época posterior à era das perseguições, o deserto foi a última consequência das exigências do ascetismo cristão, com a finalidade de testemunhar melhor a transcendência de Deus. Entretanto, nada nos diz que hoje – considerando o mundo que nos cerca, com estruturas diferentes das de ontem, mas que permanece igualmente e talvez mais afastado de Deus –, não podemos ser levados a uma consequência última: mostrar pelo testemunho da vida um Deus transcendente, sendo os reveladores de seu amor, do sentido da vida e da criação. A relação horizontal da vocação monástica, a relação com o corpo místico deve ser mais acentuada que antigamente. Por outro lado, numa época planetária e de viagens, o deserto não pode ser senão relativo. Onde encontrar hoje uma localidade que seja difícil de ser atingida pelos carros? Além disso, em nossos dias a morada dos demônios não é mais o deserto, mas o próprio coração dos povoados, que vivem sem esperança e sem Deus. Sem renunciar a nada do que constitui o monaquismo, considerando a conjuntura presente e futura, os monges devem ser testemunhas da transcendência divina, pelo desapego das coisas criadas e de seus valores, mesmo bons em si mesmos, por amor a Deus e para conseguir a região mais profunda de nosso ser, que está em Deus.

O ateísmo moderno é de grande densidade porque o homem se tornou muito importante, porque o homem possui atualmente uma consciência viva do que ele é. Assim Deus lhe parece como impossível, alienante. O monge mostra que o homem sem Deus está mutilado, que Deus aperfeiçoa o homem. O homem para ser grande não precisa rejeitar a Deus. Pelo contrário. Por isso o monge é o homem que, diante da indiferença generalizada, mostrará e significará à nossa civilização de amanhã Deus e a verdadeira grandeza do homem.

Para dar um sentido verdadeiro a esse mundo que nasce, para direcioná-lo no que representa seu destino, para mostrar que a técnica mais sofisticada não atinge senão a superfície do ser, não o ser em sua profundidade, é preciso revelar aos homens a dimensão da profundidade, fazer-lhes descobrir a experiência interior. Para isso é preciso que alguns vivam a sós consigo em plenitude. É preciso que alguns se concentrem unicamente na adoração. Os mosteiros são tão necessários para a cidade como as usinas.

Os monges que desejam ser antes de tudo homens de Deus revelam à humanidade em marcha o destino para o qual ela se dirige. Por isso é desejável que a experiência monástica esteja como ao alcance das mãos. Para tanto, eles devem abrir-se às necessidades reais da civilização que está chegando.

Apostolado dos mosteiros

É normal que se deseje frequentar um centro onde se busca Deus. Um mosteiro é precisamente isto e nada mais: um centro onde se busca Deus. Um monge também é isso e nada mais: alguém que busca Deus. Na medida em que o especialista na busca monástica de Deus se envolve com o campo de que fala o Evangelho – esse campo que ele comprou em troca de todos os bens deste mundo –, esse especialista descobre pouco a pouco e cada vez melhor, cada vez mais intensamente, o tesouro que ali está escondido.

Essa pérola de que fala Jesus, os monges devem querer dá-la a seus irmãos, a todos os que desejam aproximar-se deles cheios de boa vontade, a todos os que anseiam participar durante alguns dias ou algumas horas, por ocasião das férias, por exemplo, de sua vida de oração. Todos os que desejam aprender a rezar são bem-vindos, pois os monges possuem riquezas para todas as misérias, remédios para todas as feridas.

Hoje em dia, uma verdade só é aceita quando verificada pela experiência. É por isso que toda experiência pertence a todo mundo; a experiência de um ambiente de vida espiritual deve ser comunicada. Uma das grandezas do mundo de hoje consiste nisto: as pessoas vêm se informar a respeito dessa experiência monástica, onde ela se realiza.

Os mosteiros devem exercer a função de guia na construção do povo cristão. Não apenas estadias, mas também retiros individuais ou de grupos ocorrem nas hospedarias dos mosteiros. Devemos refletir e nos interrogar se não seria proveitoso para nós fazer uma parada nesses centros de busca de Deus, a fim de nos reabastecer, ou então por simples curiosidade. A vida monástica propõe sempre mais experiências interessantes de colaboração ou de associação com os leigos, chegando mesmo a certa integração com o mosteiro: têm-se aqui os oblatos. Essa longa história tem suas raízes no capítulo 59 da Regra. A proposta de São Bento de "levar-nos todos juntos à vida eterna" do capítulo 72 adquire em nossos dias um sentido completo. O acolhimento do irmão não realiza a abertura de nosso coração a Deus? E São Bento não nos fala que acolhendo um hóspede nós acolhemos Cristo em pessoa? É por essa razão que aqueles que gostam de rezar com São Bento receberão de boa vontade seus amigos, seus companheiros de trabalho, seus vizinhos e os pobres. Como sempre, trata-se de escutar o que o Senhor deseja dizer-nos por meio deles.

décimo dia

PAZ

Busca a paz com ardor e perseverança.
(R. B. Pról.)

Uma conquista, um dom

A paz é o sinal dos bens messiânicos para o Antigo Testamento; é fruto do Espírito Santo, segundo São Paulo; é possessão antecipada do Reino, segundo o Evangelho!

Como possuir essa paz interior que nos foi prometida? Ou, ainda, como chegar a esse equilíbrio interior? Paz, o que significa isso? A tranquilidade da ordem é o resultado da paz, mas a paz, propriamente, é mais que um equilíbrio de forças que existem em nós, equilíbrio sempre frágil, mas que coloca todas as coisas no seu lugar. Melhor, é uma unificação de todo o ser, por obra de Jesus, "Ele que é nossa paz" (Ef 2,14), não somente porque nos reconcilia com Deus, com os homens e conosco, mas porque nos traz o grande princípio que unifica nossa vida: as circunstâncias de nossa infância, de nossa adolescência, a caminhada através das trevas de nossa vida – às vezes caóticas –, graças à "luz divina" da fé.

Como chegar a essa unificação, não somente de nossa vida, mas de zonas de nosso ser que lutam dentro de nós? Além disso, é preciso curar as feridas da alma.

Para voltar a nosso interior, é necessário aceitarmos a nós mesmos, com nossos limites, e também aceitar os outros. Aceitar a nossa própria medida. Toda a Regra, isto é, um conjunto de reflexões para conduzir sua vida segundo São Bento, está ordenada a essa conquista, à recepção desse dom da paz interior.

É preciso orientar-se nessa direção em todo tempo, em todo lugar, com um pensamento adequado, uma ação adequada, isto é, buscando o que convém segundo as circunstâncias, tendo presente o próprio temperamento. É preciso saber discernir o que se ajusta a Deus.

Descobrir o que se ajusta a Deus em determinada circunstância, num fato específico, com um interlocutor particular, é o fruto da discreção (*discretio*), isto é, de um discernimento sob os olhos de Deus. É a escolha certa, e muitas vezes o justo meio... mas é o cume da montanha.

Atitude da alma

Isto mostra uma fisionomia:

O monge é sério e até mesmo fechado, e por esse sinal se reconhece na intimidade de uma alma o triunfo de sua unidade, o domínio interior de si mesmo, a liberdade imperturbável. Ele possui a paz, sinal de que encontrou a Deus, sinal de que tudo está em ordem dentro dele, em sua vida, sinal de uma sensação de unidade. Ele é equilibrado, tem o senso do possível, da medida. Sente que uma cortina delgada o separa do grande Encontro. E por isso deve "ter a morte presente diante dos olhos, todos os dias" (R.B. 4).

São Bento se preocupa com os grandes elementos de harmonia do corpo humano: alimentação (R.B. 39), sono em medida suficiente (R.B. 22), horário regular (R.B. 41). Ele quer que o monge seja o reflexo de alguma coisa da bondade do Pai dos céus para com seus filhos. Nervosismo, mudanças de humor, precipitação devem ser banidos de sua pessoa.

As coisas transitórias devem ocupar seu lugar, seu verdadeiro lugar, não de modo absoluto mas relativo, e o principal deles é o momento presente e sua correspondência com o objetivo final, que ele já possui obscuramente.

Como é rico o pequeno instante que encerra Deus! A verdadeira paz nos é dada por uma penetração em regiões para lá de nós mesmos, para sermos então absorvidos pela luz que se irradia do Primogênito. Essa paz é fruto da solidão interior, do domínio de si mesmo, da recusa de toda agitação, colocando cada coisa em seu tempo. Ela é a atmosfera que deve reinar no centro das ações ao serviço do Senhor.

A ordem, a organização – que São Bento tanto estima – trazem a paz. É o sentimento íntimo de que se está vivendo na vontade de Deus. É o repouso da alma na unidade. Paz significa simplicidade, modéstia, medida, sabedoria, doçura, amabilidade. É o sinal da plenitude de Deus na alma. É a serenidade do espírito. A paz nesse nível é muito rara, mas é com razão que a palavra PAZ muitas vezes é citada como a marca beneditina.

décimo primeiro dia

LITURGIA

Ao cantar os Salmos é preciso que nosso espírito esteja em harmonia com nossa voz.
(R.B. 19)

Os capítulos de 8 a 19 da Regra beneditina são dedicados ao Ofício Divino, "obra de Deus". Por Ofício Divino entende-se a prece litúrgica, distribuída pelas horas do dia em Vigílias, Laudes (oração da manhã), Hora Terça (cerca de 10h), Hora Sexta (meio-dia), Hora Nona (início da tarde, logo depois do meio-dia), Véspe-ras (fim da tarde), Completas (antes do descanso noturno). Uma sequência de hinos, salmos, leituras, responsórios, o Pai-nosso, terminando sempre por uma oração e uma bênção.

O que faz um monge no coro?

Quando um cristão canta ou recita o Ofício Divino – existe atualmente uma possibilidade bastante variada de formulários para a prece da Igreja –, ele deve não apenas compreender os Salmos, mas vivê-los. É Cristo que fala, canta, sofre, triunfa nos Salmos. Ora, a Palavra de Deus é Deus em pessoa, no ato em que se revela e se comunica a nós. Por meio da diversidade de todos os séculos, um único homem, cabeça e membros, é construído: Cristo. Assim a recitação do Ofício ensina ao Orante, tomando uma expressão de Santo Agostinho, "que nós somos Cristo neste mundo"; Ele vive no cristão; o que foi dito dele cumpriu-se e continua cumprindo-se em nós. Por isso, mesmo dando às palavras e aos gestos a atenção necessária, para expressá-los de modo humano a alma pode abstrair-se da multidão de pensamentos e sentimentos que eles exprimem para chegar à presença de Deus. Com frequência o monge gosta desse procedimento. "Deus está presente em tudo... mas de modo especial, diz São Bento, precisamos estar plenamente convencidos de que isso acontece quando participamos do Ofício Divino" (R.B. 19). Ele nos diz, portanto, que o primeiro meio de celebrar o Ofício Divino está na atenção à presença divina, mas devemos recitar de tal modo os salmos que nosso homem interior esteja em harmonia com a voz. O importante para São Bento não é tanto uma atenção psicológica ou uma inteligência crítica do texto sagrado, mas que o homem interior se una ao Verbo divino, torne-se um só coração com Ele. O sentido profundo dessa célebre sentença no mundo beneditino, citada no começo deste capítulo, não está pois numa aprovação de nossa voz, nem mesmo numa salmodia atenta e inteligente, embora isso seja sem dúvida condição necessária, mas está na união viva de nosso interior com o Logos que aparece no texto sagrado. Nesse "Eu" ferido, crucificado pela mesma Palavra que engendra seu Verbo, a liturgia realiza o que diz.

Assim, o Ofício divino não é como um departamento da vida do monge beneditino, mas é literalmente sua vida. Ele se alimenta da liturgia, ele se expressa nela, pois a contemplação é o complemento do ato litúrgico. A oração interioriza o mistério, e com essa interiorização o vitaliza. Mas para se interiorizar, para se vitalizar, ele precisa projetar-se na realidade sensível, isto é, na liturgia. A projeção no mundo sensível visa à interiorização. Para se intensificar sempre mais, para se desenvolver, a interiorização precisa projetar-se, em virtude da condição humana corporal. As palavras, os sinais e os símbolos são necessários.

O Salmo pode ser endereçado a Cristo. Foi sem dúvida assim nas origens do monaquismo. Pode também ser endereçado a Deus.

Prece de Cristo a seu Pai

Mas existe um terceiro modo, mais sublime. O Salmo é dirigido por meio de Cristo ao Pai, em união com todos os homens. Nos salmos não devemos ouvir a voz de um homem que reza, mas a voz de todos os que estão em Cristo.

Apoiando-se em São Paulo, Santo Agostinho descreve muitas vezes Cristo e a Igreja, expressando-se numa só voz: "Ele reza por nós como nosso pai, Ele reza em nós como nossa cabeça, Ele recebe nossas preces como nosso Deus. Reconheçamos, pois, tanto nossas palavras nele como suas palavras em nós". E ainda: "Rezamos a Ele quando Ele assume a forma de Deus. Ele reza na forma de escravo. Nós recitamos nele, e Ele recita em nós a prece do Salmo". Sim, Cristo reza em nós.

Cristo e Igreja, cabeça e corpo, está aí todo o mistério das Escrituras. Uma cabeça – Cristo – que precisa de um corpo – a humanidade. Um corpo – a humanidade – que precisa de uma cabeça – Cristo. Esse é todo o sentido dos Salmos. Assim, a doutrina que exprime a união de Cristo e da Igreja – portanto, de cada alma – é uma grande norma para a recitação dos Salmos.

Santo Agostinho prossegue: "É absolutamente necessário pensar no Cristo total (cabeça e membros) para compreender a Bíblia. Quando Cristo fala, às vezes fala somente em nome da cabeça... às vezes é em nome de seu corpo que é a Igreja espalhada por toda a terra. Nós somos seus membros. Mas se um membro sofre, todos os membros sofrem com ele. Estás hoje em meio às tribulações, fala Cristo, e sou Eu que estou ali. Amanhã será um outro em tribulação, e sou Eu que estou nessa tribulação. Até o fim dos séculos, não importa quem do meu corpo esteja na tribulação, sou Eu que estarei lá". Cristo em nós luta contra "os inimigos" do Salmista, luta contra as forças do mal que agem no mundo.

Citemos mais uma vez Santo Agostinho: "Exultas nele, uma vez que Ele próprio padece em ti, sofre em ti, tem fome, tem sede, suporta as provações em ti, e continua morrendo em ti e tu nele, e tu também já ressuscitaste" (Comentário ao Salmo 103, PL 37, col. 1284-1285).

Já que formam um só corpo, não há mais que um só Cristo que sobe aos céus, cabeça e membros. Santo Agostinho comenta a palavra de Cristo: "Eu me santifico a mim mesmo, para que eles também sejam santificados na Verdade". "Isso acontece – afirma ele – para que tudo lhes seja proveitoso, porque eles também são Eu mesmo. Por eles Eu me santifico, isto é, Eu os santifico em mim mesmo, como a mim próprio, uma vez que estão em mim, eles também são Eu mesmo. Os cristãos são santificados nele porque Ele é o Santo de Deus, e eles são Ele próprio" (Comentário em São João, 108,5).

O cristão, portanto, na recitação dos Salmos, passa por todas as provações e todas as alegrias da humanidade. Se apresentamos neste capítulo uma bela meditação de Santo Agostinho é para mostrar toda a riqueza que podemos tirar do Ofício Divino. Sempre se poderá ler com proveito os discursos e comentários sobre os Salmos, feitos pelo bispo de Hipona, uma mina para entendê-los melhor e também amar mais a "obra de Deus".

Não há nada menos egoísta que a salmodia, porque ela é a prece da Igreja. Nela fazemos nossos todos os anseios do mundo e louvamos o Senhor por suas maravilhas. Nós nos aproximamos de Deus com as palavras que Ele inspirou. Por elas, Deus é louvado por si mesmo.

Santo Agostinho empresta ao Senhor estas palavras: "Quando um dos meus membros reza, sou Eu que rezo". Desse modo, quem reza penetra pouco a pouco na relação de Cristo com o Pai.

O Ofício Divino é realmente a obra de Deus em nós, e por isso o empenho na pontualidade e o esmero com que deve ser tratado. Qualquer atraso dificilmente pode ser aceitável.

A liturgia coroada pela Eucaristia – da qual São Bento propriamente não fala – assumiu um lugar especial na tradição beneditina. Assim, é preciso esforçar-se por viver acompanhando o ano litúrgico.

Na Escola de São Bento, você se torna um especialista em liturgia. É na liturgia e pela liturgia que o monge beneditino realiza verdadeiramente sua vocação, pois ela é o modo de vida no qual ele chegará à união com Cristo.

A ação de louvor é extremamente elevada. Lembramos que essa ação de Deus em nós, é Deus mesmo celebrando seu louvor pelo ministério de seu Verbo encarnado e da Igreja. Ação tão elevada que supõe uma vida voltada para a moral e ascética, isto é, em termos beneditinos supõe conversão de vida (= levar a vida monástica da melhor maneira possível) e estabilidade (= perseverar no mesmo centro monásti-

décimo primeiro dia

co até à morte). Mas todo esse programa é praticado com espírito de *discretio* (= discernimento do que convém para mim), "praticando tudo com moderação, por causa dos fracos" (R.B. 48), "sem jamais desesperar da misericórdia de Deus" (R.B. 4).

décimo segundo dia

LEITURA

Os Irmãos devem consagrar certas horas ao trabalho manual, e outras à leitura das coisas divinas.

(R.B. 48)

A *lectio divina*, leitura espiritual, ocupa um lugar especial no pensamento de São Bento. O que entendemos por isso?

Trata-se de uma leitura lenta, saborosa, como se Deus me falasse pelo texto que estou lendo. A *lectio divina* era feita, quase sempre, em voz alta. É o contrário de nosso estilo atual de leitura, que consiste, o mais das vezes, em olhar o texto ligeiramente.

A Bíblia

O que se costumava ler? Quase exclusivamente a Bíblia. Mas com o tempo a *lectio divi-*

na estendeu-se em comentários escritos pelos Padres da Igreja (R.B. 73) e, atualmente, abrange todo livro religioso, espiritual. Entretanto, devem-se evitar os livros de caráter muito científico, muito erudito, ou as exegeses que não alimentam verdadeiramente a alma.

A Bíblia! É preciso interrogar a Bíblia. É um livro inesgotável, é o livro de Deus. É necessário erguer ali nossa moradia, apegar-se a ela. E como não apegar-se a ela, se ela faz soar aos ouvidos de nosso coração sempre novamente aquela voz – "o apelo terrível da pátria, daquele que descobre as profundezas de nossa alma, esse coração esquecido" (P. Claudel)? Tanto o Antigo como o Novo Testamento falam de uma única pessoa: Jesus Cristo. A Bíblia nô-lo desvenda como Verdade de Deus, como Verdade do homem, da vida.

Não é um livro para ser apenas consultado. É uma aventura de que participamos no seguimento de Jesus.

A Bíblia nos faz ouvir um apelo, o apelo de um Deus de vida. Viver não é existir realizando o próprio ser?

Mas, ao revelar Cristo, o livro da Bíblia me revela a mim mesmo. "Eu preciso dele para ser eu mesmo." Ele vai me fazer tomar consciência de que estou longe de Deus, vai cavar em mim um desejo do sol, um desejo insaciável. E a leitura não apenas desperta esse desejo, mas o dilata, para um dia torná-lo repleto.

Abertura para a prece

Foi a Escritura que me ressuscitou e me unificou. Nela eu descubro meu Salvador, Aquele que tem o poder de atender nossos desejos mais essenciais. Ela torna possível o acesso à plenitude da vida, à plenitude do homem: a divinização. O rio da Bíblia atravessa nossa vida como uma força construtiva, passa através do destino do homem. Ela é uma história, mas me faz decifrar minha própria história, escrita em minha alma, permitindo atingir as profundezas do meu ser, e não deixa esse ser permanecer na superfície. Cada um lê a Bíblia de modo diferente, privilegiando certos textos, negligenciando outros. Ninguém a lê sem interpretá-la. Não se trata de armazenar conhecimentos, de aprofundar sua fé, mas de deixar Deus falar a nosso coração.

A Bíblia é a história de minha alma.

Ela é uma escola de conversão, uma escola de crescimento no conhecimento de Deus. "De agora em diante tudo para mim é prejuízo, comparado ao valor supremo que é o conhecimento de Jesus Cristo, meu Senhor." Conhecimento existencial, ativo, pois tem por objetivo "conhecê-lo com a força de sua ressurreição e a participação em seus sofrimentos" (Fl 3,8-10).

A Bíblia é uma escola de contemplação, uma visão de fé contínua e amorosa: "Na fé exultais de alegria, transfigurados de modo inefável" (1Pd 1,8).

A Bíblia nos faz descobrir o sentido dos acontecimentos que moldam nossa vida, isto é, os fatos que somos destinados a enfrentar. Cada vez temos diante de nós uma releitura do "Mistério escondido há séculos, revelado em Jesus Cristo" (Rm 16,25), cuja significação cada um deve descobrir.

Os acontecimentos de nossa vida interior tornam-se, então, palavras de Deus bem presentes. Entre elas e nós origina-se um diálogo secreto despertado pelo Espírito, que convida para a prece.

décimo terceiro dia

ORAÇÃO

Se um monge deseja fazer sua oração em particular, que ele entre simplesmente (no oratório) e ponha-se a rezar... com o fervor do coração.

(R.B. 52)

O que é a oração

A oração é respiração, alimento, sede, conversa, olhar, solidão, muralha, planície interminável, alegria que não é desta terra.

É uma sarça ardente, um banho de sol.

É um dom, um dom pelo qual geralmente se deve pagar muito caro. Por isso, é preciso pedi-lo: "Pedi e recebereis, batei e vos será aberto", diz o Evangelho (Mt 7,8). É preciso ter a convicção de que ele é necessário e fecundo.

Oração é pensar naquele a quem se ama. Para São Bento, é colocar-se na presença de

Deus. "Ele ouve tudo o que se lhe diz, e também aquilo que se pensa" (R.B. 7).

É inútil empregar muitas palavras. Não raro a oração comporta, além de distrações, um vazio e uma sensação de "tempo perdido", uma vontade de "começar tudo de novo". Isso acontece porque quem reza não está sozinho. É Deus principalmente que está agindo.

Como fazer a oração

É preciso distinguir:

– A meditação, ou uma sequência de ideias, por exemplo: cenas do Evangelho, textos da missa.

– A oração afetiva, isto é, uma prece em que os afetos predominam, por exemplo orações a Nossa Senhora.

– A oração de simplicidade, ou seja, uma presença, em que a pessoa se contenta com um olhar simples sobre um mistério, por exemplo: a Trindade, a Encarnação, a Eucaristia.

Um dos grandes princípios da vida de oração é a fé: "Se conhecesses o dom de Deus" (Jo 4,10).

É preciso rezar por aqueles a quem se ama, mas sobretudo considerar os mistérios divinos, Deus em si mesmo. É uma conversação simples, espontânea com Jesus, que se transforma em abandono confiante. É necessário ter como objetivo entreabrir o olhar interior, que o olhar da alma se abra. Isto acontecerá porque Cristo será descoberto como uma pessoa viva e amada.

É na oração que a alma sentirá a realidade de ser amada pelo Senhor.

A oração é feita para que toda nossa vida seja uma prece. Por essa razão, é daí que se tira luz e força para vencer as dificuldades, para cumprir nossos deveres de estado, para perdoar, para conhecer a vontade divina. É lá que se percebe em que direção se deve caminhar, que decisão tomar. Lá, a vontade de Deus se torna nosso alimento.

Mas não se pretende tudo isso unicamente para si, pois o objetivo é Deus. Procura-se encontrar o amor para querer amá-lo, e o conhecimento que alimenta o amor.

É preciso apoiar-se num texto do Evangelho, bem curto, mas também saber a hora de deixá-lo.

É necessário conformar-se quando a oração é difícil.

É preciso morrer na oração. Um período de secura, aridez, em casos bem precisos, é uma ocasião para conseguir mais luz.

A oração é um exercício excelente para praticar as virtudes teologais: fé, esperança e caridade.

Além disso, ela pode tornar-se apostólica e redentora. Na oração se percebe que Deus se encontra na trama dos acontecimentos cotidianos, por mínimos que sejam, que Ele está no Abade, nos Irmãos, nos hóspedes.

É rezando que se aprende a rezar.

Quanto mais se reza, mais se deseja rezar.

Quanto menos se reza, menos se gosta de rezar.

A oração é um campo, no qual se encontra um tesouro: a união com Deus. É preciso cavar esse campo, sem descanso.

É um encontro de amor.

Deus está desejoso de nos escutar, desejoso de nos falar. É nossa obrigação tomar consciência dessa realidade por meio da fé. É uma espécie de despertar.

Na oração, é bom seguir o conselho de São Bento no Prólogo da Regra: "Antes de qualquer ação de alguma importância, pede a Deus com uma prece bem fervorosa que faça a ação chegar a bom termo".

É preciso esperar quando Deus parece esconder-se. Ele assim age para nos convidar a ir mais longe em sua procura. É um comportamento divino para não ficarmos satisfeitos com o pouco que já recebemos dele. Quando parece fugir, Deus está se aproximando. Ele toca, excita, foge, e torna a aparecer. Deus nunca interrompe essa luta coração a coração. Se nós a interrompemos, Ele a retoma de outro modo, por outro caminho. É preciso apreciar e aceitar a prova, deixar o que nos embaraça, preferir Deus a tudo, em todas as coisas, imitar Jesus Cristo, renovar o desejo e a expetativa dele pela esperança, não encontrando em ninguém mais a nossa satisfação. Assim, Ele nos tira para fora de nós mesmos, nos arranca de nós mesmos e derrama em nossos corações um grau mais elevado de amor.

O Senhor se esconde para que a alma o procure com mais ardor. O encontro é adiado para que cresça na pessoa que reza sua capacidade de Deus, e para que um dia a alma cheia de fé encontre mais plenamente o que procurava. Parece que Deus não dá uma resposta imediata a nossos desejos, mas seu objetivo é recompensar-nos muito mais. Deus deixa de lado nosso pedido para atender à sua intenção mais profunda.

O Senhor chama a alma de uma montanha mais elevada, e portanto a um amor muito maior, e assim, pouco a pouco, Ele a eleva e faz crescer. Mas, para atingi-lo lá nas alturas que Ele indica naquele instante, faz com que a alma desça para o vale (R.B. 7), e tanto mais profundamente quanto mais elevado o pico da montanha.

Objetivo da oração

Aparece, então, cada vez mais claramente o objetivo da oração: "Quem se une ao Senhor não é senão um só Espírito com Ele" (1Cor 6,17).
"O Mestre está ali e te chama" (Jo 11,28).

décimo quarto dia

PRECE PURA

A prece deve ser breve e pura, a menos que a graça da inspiração divina talvez nos incline a prolongá-la.

(R.B. 20)

Pureza de coração

A leitura assídua da Bíblia e de seus comentadores que são as obras dos Padres da Igreja ou dos grandes mestres da vida espiritual será sempre o pano de fundo da prece do monge. Mas a leitura não é uma prece. Ela somente a prepara. Cassiano (c. 360-435) fez uma entrevista com os monges do Oriente, voltou ao Ocidente com *As Conferências*, conhecidas de São Bento (R.B. 42 e 73), e apresenta como objetivo do monge a pureza de coração. Dela nascerá a prece pura.

décimo quarto dia

Receber o maná

Depois de certo tempo, parece que bastante curto, a pessoa que tinha o hábito de meditar sobre os textos bíblicos ou litúrgicos não pode mais fazê-lo. Chegou a hora, então, de aceitar um "tratamento". É a "noite" que cai sobre a alma, noite que vai se tornando cada vez mais espessa. A alma caminha sem nenhuma luz, numa ausência completa de Deus, num vazio absoluto. É convidada a ultrapassar as impressões dos sentidos, a repousar na fé, a conduzir-se unicamente pela fé. Ela precisa aprender a receber. Receber o quê? O maná. Não se trata mais de concatenar as ideias, mas de se comportar passivamente, numa atenção amorosa diante de Deus. É preciso que a alma aprenda a mendigar, a viver uma fé nua, a permanecer no deserto interior para receber o maná. Essa é a oração do monge.

A prece pura, no sentido mais alto da palavra, significa "pura" não somente de pensamentos maus ou distrativos, mas de todo complexo de ideias, pensamentos e conceitos. Buscar frequentemente e sempre mais na prece pura um contato íntimo com o Absoluto, que o silêncio quase total das faculdades faz nascer dentro de si mesmo, penetrar nas profundezas, deixar-se levar até esse fundo íntimo de nosso ser, onde Deus habita, e donde se irradia sua vida em nós: aí está o ápice e a essência da oração. Trata-se de viver um mistério de presença. Trata-se de chegar até o sacrifício dos conhecimentos claros, a fim de deixar todo espaço para Deus somente. A alma, então, oferece um terreno livre e desimpedido de todo entrave. Ela está pronta a receber passivamente a intervenção de Deus, que age no fundo da alma.

décimo quinto dia

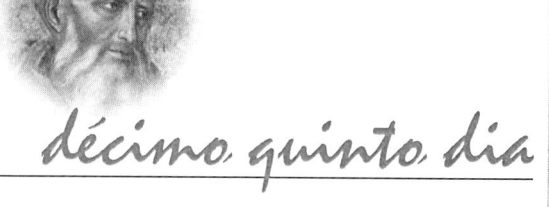

ALTURAS

A luz da contemplação alarga a capacidade da alma. (D. 35)

O mundo em Deus

São Bento realizou a experiência interior nas alturas mais elevadas. São Gregório afirma: "Quando a hora do repouso chegou, o venerável Bento se retirou para o andar superior de sua torre, e o diácono Servandus foi para o andar inferior; os dois pisos se comunicavam por uma escada, e havia diante da torre uma sala mais espaçosa, onde repousavam os discípulos dos dois Padres. Quando os discípulos ainda dormiam, Bento, o homem de Deus, já estava de vigília, antecipando a hora da prece noturna. De pé diante de sua janela, ele rezava ao Senhor todo-poderoso, quando de repente, nesta hora da noite, ele viu derramar-se uma luz que expulsava as trevas e brilhava com tal esplendor que a sua claridade teria feito empalidecer a luz do dia. Enquanto ele a contemplava, alguma coisa de extraordinário aconteceu: ele narrou mais tarde que o mundo inteiro se concentrou diante de seus olhos como num único raio de sol...

Pedro: – Como pode se explicar que o mundo inteiro seja contemplado por um só homem?

Gregório: – Pedro, guarda o que te digo: para quem contempla o Criador, a criação inteira é pequena. Por pouco que alguém tenha vislumbrado a luz de Deus, tudo o que é criado lhe parece por demais pequeno, porque a luz da contemplação alarga a capacidade da alma, e pelo fato de se expandir em Deus, ela é mais elevada que o mundo...

Quando se diz que o mundo se concentrou diante de seus olhos, não significa que o céu e a terra tenham se contraído, mas que a alma do vidente dilatou-se... seu espírito recebeu uma luz interior que arrebatou sua alma em Deus e lhe mostrou como é pequeno tudo o que não é Deus" (D. 35).

Assim, todos os outros valores, por mais reais que sejam, parecem nada, comparados com Deus. A Índia diria que eles são ilusórios, *maya*. Swami Sivananda dizia: "O universo inteiro está em Brama."[1] É o Tudo e o nada de São João da Cruz.

O mundo é visto em Deus, quando realmente o monge se encontra fora do mundo, separado do mundo, fugindo do mundo. É verdade que num primeiro tempo deve ser assim, mas, com o progresso de sua vida interior, ele reencontra o mundo em Deus. Talvez se possa pensar numa semelhança com o *ifrad* do sufismo (Hallâj), em que a alma é colocada a sós por Deus, a fim de participar da misteriosa solidão divina, na qual tudo é devolvido, mas transfigurado. Podemos pensar na prece da alma enamorada de São João da Cruz. Bento, homem de oração, homem de Deus, ao mesmo tempo exigente e misericordioso, possuído pelo senso do divino, amante da transcendência, espírito absoluto, apaixonado pela ordem, considerava a contemplação um valor supremo. "Assim, tendo terminado esta pequena Regra escrita para os iniciantes, atingirás estas alturas de virtude e de contemplação." É com estas palavras que terminam as reflexões sobre a conduta da vida, escritas por São Bento (R.B. 73).

---

[1] *L'Enseignement de Sivananda*, Albin Michel, Paris, 1958, p. 409.

décimo quinto dia

O mundo em Deus. Como São Bento chegou a ponto tão elevado? Cultivando a interioridade. É este valor escondido que dá sentido a todo o resto: à liturgia, ao trabalho, à leitura divina, ao estudo, à arte da vida em comum, a uma vida melhor, a viver em profundidade, a viver num nível supremo. De fato, Aquele que o coloca dentro dele mesmo, Aquele que o liberta dele mesmo, faz com que o monge descubra uma inabitação do seu ser no Ser de Deus à medida que o ser é retalhado pela humildade, inabitação que comporta múltiplas moradias, "neste Outro e em nós mesmos, Ele que é mais nós do que nós mesmos". (P. Claudel). O monge, então, redescobre o mundo. Realizar isso é a verdadeira paz. É pelo amor que se realiza o desprendimento do mundo criado, para achar Deus em Deus.

São Bento sabe fazer nascer e conservar o desejo de Deus, objetivo da vida monástica. Ele soube criar uma escola ao serviço do Senhor (R.B. Pról.), cujo eixo está em "rezar sem cessar", alma da vida monástica, fazendo o monge viver para Deus, com Deus, em Deus, dando-lhe como única tarefa buscar a Deus. Um bom conhecedor do monaquismo beneditino, Dom Jean Leclercq, viu muito bem o objetivo do monge na Igreja: "Os monges têm o privilégio de continuar a contemplar. Eles sabem que não verão o Senhor: eles vivem na fé. Apesar disso, eles perseveram. Sua cruz consiste em amar sem ver, e apesar disso contemplar sempre, não fixando os olhos em nada mais que no Deus invisível e presente. Seu testemunho diante do mundo será mostrar por sua simples existência a direção para onde é preciso olhar. E também esperar pela prece e pelo desejo o cumprimento do reino de Deus."[2]

Eles serão apóstolos com toda a sua vida monástica – especialmente pela liturgia –, persuadidos de que "Aquele que habita em mim, como disse Cristo, e no qual eu habito, produz muitos frutos" (Jo 15,5).

João Paulo II e São Bento

Em uma alocução pronunciada em Monte Cassino, em 18 de maio de 1979, João Paulo II declarou:

"Podemos dizer em suma que *a mensagem de São Bento é um convite à interioridade*. Ele habitava sozinho dentro dele mesmo

---

[2] Dom Jean Leclercq, *L'amour des lettres et le désir de Dieu*, Paris, 1957, p. 59.

décimo quinto dia

sob os olhos amorosos de um Deus eternamente Atento. Ouçamos a voz de São Bento: da solidão interior, do silêncio contemplativo, da vitória sobre a agitação do mundo exterior, dessa habitação dentro de si mesmo, nasce o diálogo consigo e com Deus, que conduz às alturas".

BIBLIOGRAFIA

Regra

A Regra de São Bento, - Latim / Português, Trad. de D. João Evangelista O. Ribeiro Enout, OSB, Edições Lumen Christi. SAINT BENOÎT, *La Règle des moines*, trad. Dom A. de Vogüé, com comentários, «Sources chrétiennes», Éd. du Cerf, 1972-1977.

Vida de S. Bento

VÁRIOS, *Duas Leituras da Vida de São Bento, Conhecimento profundo da extraordinária personalidade de São Bento*, Mosteiro da Santa Cruz - Juiz de Fora/MG
SÃO GREGÓRIO MAGNO, *Vida e Milagres de São Bento*, de S. Gregório Magno, Edições Lumen Christi.
HERWEGEN (Dom I.), *Saint Benoît*, DDB, 1980.
NESMY (Dom J. C.), *Saint Benoît et la vie monastique*, col. «Maitres spirituels», Éd. du Seuil, numerosas reedições.
OURY (Dom G.), *Saint Benoît patron de l'Europe*, C.L.D., 1979.
VOGÜÉ (Dom A. de), *Saint Benoît, homme de Dieu*, Éd. de l'Atelier, 1993.
Vie et Règle de saint Benoît, apresentadas por Dom A. Borias, Médias-Paul, 1994.

Comentários da Regra:

DELATTE (Dom P.), *Commentaire de la Règle de saint Benoît*, Abbaye de Solesmes. Numerosas reedições.
VOGÜÉ (Dom A. de), *Ce que dit saint Benoît, une lecture de la Règle*, Abbaye de Bellefontaine, 1983.

Sobre a vida beneditina:

VISSEAUX, Pe. Roger, *Livro de Vida Monástica*, Mosteiro da Santa Cruz
Regra de Vida, (Espiritualidade Beneditina), Monges Ste-Marie de la Pierre-quí-vire, Edições Lumen Christi.
CHITTISTER (J.), *Une sagesse au fil des jours*, Éd. du Cerf 1994.
MIQUEL (P.), *La Vie monastique selon saint Benoît*, Beauchesne, 1979.
ROLLIN (B.), *Vivre aujourd'hui la Règle de saint Benoît*, Bellefontaine, 1983.
SURCHAMP (A.) e colaboradores, *Saint Benoît père de l'Occident*. Magnífico livro da art. Zodiaque, 1980.
TUNINCK (W.), *Vision de paix*, Éd. de La Source, 1968.
VOGÜE (Dom A. de), *La Communauté et l'Abbé dans la Règle de saint Benoît*, DDB, 1960.
COLETIVA, *Saint Benoît de Nursie, une sagesse de vie pour aujourd'hui*, Éd. du Signe, 1993.

ÍNDICE

Prefácio – Descoberta de São Bento 9
Introdução – Habitação dentro de si mesmo ... 21

1. Escutar 29
2. Procurar a Deus 37
3. Acompanhamento Espiritual 43
4. Obediência 49
5. Humildade 55
6. Ainda a humildade 63
7. Despojamento 69
8. Os outros 75
9. Acolhida 79
10. Paz 85
11. Liturgia 89
12. Leitura 97
13. Oração 101
14. Prece pura 107
15. Alturas 111

Bibliografia 117